Comment la calomnie...

1416

LA PICARDIE

—

SAINT-QUENTIN-EN-VERMANDOIS

OUVRAGES DU MÊME AUTEUR

Le Parlement de Paris. — Marchal, éditeur.

Le Châtelet de Paris. — Didier, éditeur.

Lettres des Rois et Reines de France (Communes et Royauté) — Willem, éditeur.

Pénalités anciennes (*Supplices et Prisons*). — Plon, éditeur.

La Sainte-Chapelle. — Dentu, éditeur.

Le Baillage du Futaie. — Willem, éditeur.

L'Université de Paris. — Charpentier, éditeur.

Trésor judiciaire de la France, d'après les manuscrits. — Plon éditeur.

Les Contraventions à Londres.

Les Réformes du Code d'instruction criminelle.

Ramus, philosophe picard (xvie siècle).

Bauchant, bibliophile Saint-Quentinois (xvie siècle).

Le Formulaire des Magistrats. — Marchal, éditeur.

Les Métiers de Paris. — Ernest Leroux, éditeur.

Les Suicides dans le département de l'Aisne.

Les Aliénés (*Proposition Gambetta*).

L'Abbaye d'Isle de Saint-Quentin. — Ernest Leroux, éditeur.

De la Tour, peintre du roi Louis XV.

Le Reliquaire de M. Q. de la Tour. — Ernest Leroux, éditeur.

Le Musée de la Tour à Saint-Quentin.

Histoire de la médecine légale, d'après les arrêts criminels. — Charpentier, éditeur.

Le Crime et la Débauche — Le Divorce. — Charpentier, éditeur

SOUS PRESSE

Magistrature Française : Les Premiers Présidents de la cour de Paris. (1802-1882),

St-An and, imp. et stéréot. de Destenay.

LA PICARDIE

SAINT-QUENTIN-EN-VERMANDOIS

—

SON HISTOIRE — SA POPULATION

SES RUES, SES MAISONS ET LEURS PROPRIÉTAIRES

AU XVIIe SIÈCLE — SES ENSEIGNES

NÉCROLOGE DE SON CHAPITRE — SES MAIRES

PAR

CHARLES DESMAZE

Officier de la Légion d'honneur
Membre de la Société des Antiquaires de Picardie,
de l'Académie royale de Bruxelles,
des Sociétés académiques de Saint-Quentin, de Laon, de Compiègne
de Valenciennes, de Compiègne et d'autres Sociétés savantes.

Nosce Patriam.

——◆◆◆——

PARIS

ERNEST LEROUX, ÉDITEUR

Libraire de la Société Asiatique,

DE L'ÉCOLE DES LANGUES ORIENTALES VIVANTES, ETC.

28, RUE BONAPARTE, 28

—

1882

MANUSCRITS SUR SAINT-QUENTIN

— Obituaire de l'Eglise Royale de Saint-Quentin, *par le Chanoine Duhesnois*. (1er janvier. — *Obit de Porcherot. — 31 décembre Eude Wandine et maritus ejus Radulfus de Maissemy.*

— Critique de l'histoire de Vermandois, par Colliette, curé de Gricourt et Doyen des Chapelains de Saint-Quentin, *(sous le nom d'un prétendu Chanoine de Saint-Quentin et du Doyen des enfants de chœur de Saint-Quentin.)*

— Restauration de l'Hospice de la Charité à Saint-Quentin, *par le rétablissement des filles de Saint-Vincent de Paule, (Saint-Quentin. — Imprimerie Moureau Bernoville,* 1809).

— Pouillé de l'Aumône commune de Saint-Quentin, (1749-1833.)

— Plan de Saint-Quentin, par Gomart, (1872.)

— Pouillé de l'Église Royale de Saint-Quentin en

Vermandois, *dressé par M. Florent François Mauroy*[1], *Prêtre Chanoine de l'Église Collégiale de Sainte Pécinne et Chapelain de la Communauté de l'Église Royale de Saint-Quentin.* — *Manuscrit terminé en 1787).*

— Table des noms et matières; *dont il est fait mention dans l'Auguste de Vermandois, par M. Hémerez, par M. le Chanoine Peitavy de Saint-Quentin.*

— Cartulaire de l'abbaye de Saint-Quentin en l'Isle, *(Archives nationales.)*

— Manuscrits sur Saint-Quentin, colligés par *M. Bizeau, ancien notaire,* (18° siècle.)

— Propriétaires des maisons de Saint-Quentin, en 1774, par *Denizart huissier, et Thibault contrôleur.*

— Béguinages et hôpitaux de Saint-Quentin, (1235-1563.) Notice écrite par *Gras fils.*

— Récit de ce qui s'est passé à la bataille de

---

[1] M. l'abbé Mauroy fût, sous le premier empire, le professeur vénéré de la jeunesse à Saint-Quentin, qui a constamment produit tant d'élèves distingués. Nous possédons de ce maître un certificat, ainsi conçu : Anno reparatæ salutis humanæ millesimo octingentesimo quinto, Die Augusti trigesimo, primo vero Imperii Napoleonis anno, — Die fructidoris, Decimâ tertiâ, — cùm in secundaria scholâ nostrâ fieret solemnis, nec non publica præmiorum distributio, in secundo ordine, hocce præmium jure consecutus est Joannes Ludovicus Desmaze, San-Quintineus.

In cujus rei fidem Augustæ Veromanduorum, Die et anno, suprà dictis, subscripsimus.

MAUROY, DIRECTOR.

Saint-Quentin ou Saint-Laurent, par Philippe II, roi d'Espagne, (10 *août* 1557.)

— Missæ propriæ festorum Regalis Ecclesiæ, Sancti Quintini martyri. — (*Paris, imprimerie Desprez,* 1774.)

— Vie de Saint-Quentin, par *Adolphe Everaerts,* imprimé à Louvain, (1874.)

— Evénements arrivés en la ville de Saint-Quentin, (3 *mai* 1789 — 31 *juillet* 1790), par *Louis Quentin Grébert père, ex-secrétaire et fermier de la compagnie de l'Arquebuse, officier municipal et contrôleur à la Comédie.*

— Procès-verbal de l'incendie de l'Eglise de Saint-Quentin, (14 *octobre* 1669.)

— Manuscrit de Claude Bendier, Chanoine de l'Église collégiale de Saint-Quentin, *relatif aux droits et prérogatives de ladite Église,* (1680.)

— Mémoire pour les Mayeur et Échevins de la ville de Saint-Quentin, contre les Doyen, Chanoines et chapitre de l'Église de Saint-Quentin, (1742.)

— Manuscrits sur les *établissements charitables de la ville de Saint-Quentin,* (1557-1840.)

— Documents relatifs au mobilier des églises de Saint-Quentin, inventoriés *par les citoyens Paillet et Cambronne, commissaires nommés,* (3 *messidor,* an III.)

— Pouillé de l'abbaye du Mont Saint-Martin, près le Câtelet, avec les noms des fermiers.

— Histoire d'Origny, Sainte-Benoîte, vierge[1] et martyre, *inscrite aux manuscrits de la bibliothèque de Saint-Quentin, n° 79.*

— Abbaye Royale d'Origny Sainte-Benoîte, (*Charte de 1348 — Déclaration des biens et revenus de l'abbaye (1728-1779.)*

— Martirologium ad usum Regalis et insignis Ecclesiæ Sancti Quintini, (2 *volumes manuscrits.*)

— Manuscrit du Chanoine Charles Decroix, *Curé de Neuville Saint-Amand, sur l'Église de Saint-Quentin, ses malheurs, incendies,* etc. (1653 à 1685.)

— Mémoires sur le Franc-Alleu de Saint-Quentin — 1775 (*signifiés par Denormandie, huissier ordinaire du Roi aux Conseils.*

— Dom Grenier (*Bibl. nat. de Paris manuscrits.*)

---

[1] Histoire d'Origny Sainte-Benoîte, abbaye Royale, par M⁰ Poissonnier, ancien notaire en ladite commune, actuellement à Chauny (Aisne).

INTRODUCTION

Nosce Patriam.

Mes meilleurs souvenirs ramènent souvent ma pensée fidèle vers Saint-Quentin, ma ville natale, et vers cette Picardie, à la race fière et vaillante, dont on disait en vers latins. *Isti Picardi non sunt ad prœlia tardi*[1] ou ailleurs, *n'en déplaise aux Normands et à leur compagnie*[2] :

> Si l'on donne l'honneur à ceux de Picardie
> Ce sont tous gens de mine, ayant barbe aux mentons
> Dont la plus grande part ont tous passé les monts.

On ajoutait: Saint-Quentin la grande, Noyon la Sainte, Péronne la dévote et la Pucelle, Chaulnid la bien nommée, Ham la bien gardée, Bohain la frontière, Nesle la Noble, Athies la désolée. Les Ver-

[1] Curé Champenois du xive siècle.
[2] Ancienne poésie Française, recueillie par Montaiglon.

mandois figurent dans nos antiques histoires. L'Auguste du Vermandois, devenu Saint-Quentin, fut le glorieux théâtre d'événements, dont ses inscriptions, ses archives, son patriotisme conservent encore la trace.

C'est dans son enceinte que Charles le Chauve se rencontra avec son neveu Lothaire (1er Mars 857) et qu'il confirma plus tard un don à l'Église par Hildéric. Mais viennent les Normands, qui dévastent la cité avec tant d'autres (883), comme Charlemagne, en mourant, l'avait tristement prédit. Auprès de l'abbaye de Saint-Quentin (1047) le roi Henri 1er signe, le 2 décembre, une charte concernant Senercy.

En 1095, se tient une assemblée de Seigneurs et de Prélats, à Saint-Quentin. Ils obtiennent les premières chartes de commune de Raoul, comte de Vermandois. Dès 1166, les fondations pieuses établissent les hôpitaux de saint Nicaise et d'Épargne-Maille.

Chaque semaine (1167) l'abbaye de Saint-Quentin en l'Isle distribuait, par quatre fours de l'abbaye, un muid de froment, pour être distribué aux pauvres, en pains cuits[1].

Le 2 Avril 1195 Philippe-Auguste confirme les coutumes et franchises des bourgeois de Saint-Quentin, qui envoient à la grande semonce de 1253 trois

---

[1] L'abbaye d'Isle... (Poëtte éditeur, à Saint-Quentin). Les tours s'appelaient : de la chapelle ronde, de Sainte-Pécinne en Boutefour, des Piques en la Gréance et devint la maison de Robert de Neuvillette.

cents sergents d'armes. C'est aux maires et jurés de la ville que Philippe-Auguste prescrit de protéger le corps et la personne des Doyen et Chanoines du Chapitre de Saint-Quentin (1213).

Il est aussi reconnu que le roi peut, lorsqu'il fait son entrée dans cette bonne ville y rappeler bannis (Novembre 1223).

On était, paraît-il, batailleur, mais repentant; aussi le Roi Saint-Louis donne-t-il quittance aux habitants de 10.000 livres Parisis, à lui dues pour rixes dans la ville (Février 1239).

Des troubles sont occasionnés pour la levée de l'impôt (Janvier 1295) et Philippe le Bel mande au prévôt de Saint-Quentin de prêter secours aux maire et Echevins de la ville, s'ils le requièrent.

Le Collége des Bons Enfants est fondé (1303) par Gossain Grenetier et Jehanne, sa femme.

En Octobre 1319, Philippe V, le Long, fixe à la Saint-Denis (9 Octobre) la foire franche de quinze jours et donne un réglement pour les marchands, (1320) à qui est reconnu par Jehan de Moy, seigneur d'Estrées, le droit de faire passer leurs marchandises franches de tout droit de vinage, par Pontruet, Marteville, Bertaucourt, Pontru, Villecholes, Vadencourt, Vermand.

Le 13 Septembre 1322, Charles le Bel, moyennant paiement de 6.000 livres, lève la suspension de Commune, prononcée contre Saint-Quentin, par Philippe le Long.

Le 12 Avril 1323 Charles le Bel exempte les doyens du chapitre de Saint-Quentin du droit de maltôte, concédé sur les vins aux Maire et jurés de la ville.

19 Octobre 1324 lettres de Charles le Bel relatives à des Italiens résidant à Saint-Quentin, qui prétendaient à tort, se soustraire au paiement de l'accise du vin.

Cet impôt fut fixé par Philippe de Valois (2 Avril 1330) à quatre deniers par livre.

Un arrêt du Parlement de Paris (1322) maintient les Maire et Echevins de Saint-Quentin, dans la connaissance du crime de fausse-monnaie.

Le 28 Novembre 1324, Gérard d'Esqueheries, fonde, rue des Flamands, près Sainte-Anne, un hôpital consacré à treize béguines.

14-26 Avril 1340, Philippe de Valois, mande au capitaine de la ville de Saint-Quentin au Bailli de Vermandois, au maître des Arbalétriers, de faire curer les fossés, réparer les fortifications, pourvoir d'artillerie les remparts, que les habitants de la cité, garderont de jour et de nuit.

Le 20 Mars 1346, Philippe de Valois autorise les Echevins de Saint-Quentin à lever un droit sur la gondale ou cervoise et autres boissons, cet impôt devant servir à éteindre leurs dettes et à fortifier leur ville.

Mandement de Philippe de Valois au Bailli de Vermandois, pour convoquer à Compiègne, le 1er Octobre 1346, tous gens nobles ou non, de pied ou de cheval, pour défendre le Royaume (9 Septembre 1346). 13 septembre 1346, Philippe de Valois ordonne de cesser les prises de blés, foins, vins, faites en son nom, sur les habitants de Saint-Quentin, lesquels sont libérés de la gabelle et pourront, à l'avenir, librement acheter tout le sel à leur usage.

Le 16 Septembre 1346, Philippe de Valois concède aux habitants le tiers de l'impôt sur le vin, vendu à broc, pour réparer les fortifications.

6 Mai 1347, permission donnée par Philippe de Valois aux boulangers de faire pains d'un denier, tant que le muid de blé vaudra quarante sols.

23 Juin 1361, le Roi Jean impose à 200 livres tournois pour sa rançon, la ville de Saint-Quentin.

Le 27 Mars 1364 et Avril 1365 Charles V à la supplication de ses bien-aimés les Maire, Echevins, jurés, bourgeois, habitants de la communauté de la ville de Saint-Quentin, confirme les argentiers et receveurs communaux de cette ville, dans la possession, où ils sont, de ne pas rendre leurs comptes aux officiers du Roi.

Le 28 Mars 1364, Charles V autorisa les maires et Echevins de Saint-Quentin à faire démolir la Pescherie, appartenant aux Religieux de la Porte d'Isle et tous autres bâtiments, gênant les fortifications commencées, à l'exception toutefois des Églises.

Le 30 Mars 1373, Charles V, à Paris, donne mandement pour livrer en la monnaie de Saint-Quentin, à Pierre Dolly, dedans la Ferté Saint-Remy, prochainement versant cent huit sols tournois pour chacun des mille marcs d'argent, qu'il s'est engagé de porter en la Monnaie de ladite ville.

26 Août 1380. Ordre donné au nom du Roi par le Bailli de Vermandois de tenir prêts les seize arbalétriers de Prévoté de Saint-Quentin qui doivent se trouver à Senlis, le mercredi en suivant.

En Mai 1381, une émeute éclate à Saint-Quentin, et on lit la supplication de Gervais de Gren, charpentier, chargé de femme et d'enfants, demeurant en ladite ville et compromis en ladite commotion.

Le 24 Avril 1386 les lettres patentes de Charles VI taxent la ville de Saint-Quentin à 1900 livres, pour subvenir aux frais d'une descente en Angleterre.

Le 22 Septembre 1394, Charles VI autorise les habitants de Saint-Quentin à jouer, pendant la foire Saint-Denis, à autres jeux ou esbattemens qu'à l'arc ou à l'arbalète, sans être inquiétés par les officiers Royaux.

En 1395, est autorisée la réparation des maisons et étaux des Petits-Maiseaux de la boucherie, appartenant à l'abbaye de Saint-Quentin en l'Isle.

Charles VI à Paris, en Novembre 1395, dans sa dévotion pour la vénérable Église de Saint-Quentin en Vermandois, fondée magnifiquement par ses ancêtres, place cette Église, son Doyen, son chapitre, ses chanoines et autres personnes sous la garde du

Bailli de Vermandois pour les protéger contre les injures, violences, oppressions, attaques des laïques, en les maintenant dans leurs droits, franchises, libertés, pertes, possessions et saisinies avec vérité et sollicitude. Le roi ordonne que, dans les causes concernant l'Eglise, le Procureur du Roi agisse comme partie jointe si le Bailli défault.

Décembre 1410, Charles VI à la demande des Maire et Echevins de Saint-Quentin y maintient les quarante archers que la ville lui envoyait tout armés.

Le 25 Juin 1414, Charles VI à Saint-Quentin en Vermandois mande de laisser passer dans le Royaume, son très-cher, très-aimé cousin, le Duc de Brabant, qu'il prend sons sa sauvegarde avec ses chevaux, harnais, malles, bahuts, or, argent, vaisselles et tous autres biens.

Le duc d'Orléans fait payer (1414) à Jehan Nofier, orfèvre à Saint-Quentin, soixante-douze livres tournois pour neuf marcs d'argent, ouvrez à petits mordants qu'il a fait mettre et asseoir des découpures de trois chapperons de brunettes de verres destinés au comte de Vertus.

15 Juillet 1420, Charles VI, mande aux Capitaine et Maire de Saint-Quentin de contraindre tous habitants à faire guet et garde sous peine de prise de corps et saisie de leurs biens.

28 octobre 1422. Lettre du chancelier et des gens du conseil informant la ville de Saint-Quentin de la mort de Charles VI, décédé après cinq accès de fiè-

vre, au soleil levant. Alors la ville de Saint-Quentin tombe en la puissance d'Henri, roi d'Angleterre non par la force des armes mais à la suite du traité de mariage, conclu entre ce prince et Catherine de France, fille de Charles VI.

Le 29 septembre 1430, Charles VII députe à la ville de Saint-Quentin le premier Président du Parlement de Paris et l'un de ses écuyers, pour traiter des affaires importantes.

14 octobre 1463, Louis XI donne à Waleran de Moreuil, provision de l'office de Capitaine de la ville de Saint-Quentin.

17 octobre 1463. Lettre de Louis XI annonçant à Saint-Quentin qu'il a acheté les villes de la Somme et qu'il y a député l'ex-Chancelier de France, Girault de Crussol, maître des Requêtes, Guillaume Pitert, notaire et secrétaire d'Etat, pour en prendre possession en son nom et leur signifier des ordres ultérieurs.

8 avril 1463, Lettre de Louis XI remerciant les habitants de Saint-Quentin de leur fidélité et les invitant à faire les frais des fortifications de leur ville.

19 Mars 1477. Lettre de Louis XI ordonnant d'arrêter aux portes de la ville de Saint-Quentin tous ceux qui en sortiront, surtout ceux qui parleront la langue de Bretagne, parce que le roi ayant fait venir de cette province des Francs-archers, ceux-ci y retournent déguisés emportant la solde reçue, sans avoir fait la besogne.

1484, Jehan Lenglet, chanoine de Saint-Quentin est médecin du roi Charles VIII.

7 juillet 1484, Charles VIII remercie les bourgeois de Saint-Quentin de la bonne garde, qu'ils font de leur cité et les avise de sa prochaine visite et inspection de leurs fortifications.

10 août 1484, Charles VIII écrit au Maieur de Saint-Quentin qu'il a donné charge à Renel Fresneau, son conseiller et maître d'hôtel, de conduire Jacques Galiot, capitaine Italien, et que son intention est qu'il soit bien festoyé dans leur ville.

28 janvier 1486, Bail par la ville de Saint-Quentin à Jehan Lecaron, fournier, et à Jehanne Lamberde sa femme du four de la Guermel, sis en la rue de la Gréance [1] moyennant 8 livres 16 sols.

2 septembre 1486, Charles VIII invite le Maieur de Saint-Quentin à recevoir, pour sa sûreté, la Compagnie de cent hommes du Connétable de France sous la conduite de Durand Fradit, afin d'y tenir garnison, pendant l'hiver.

Août 1498, Louis XII autorise les étrangers habitant Saint-Quentin à y acquérir des biens, faire testament, s'y marier à des femmes natives du royaume sans payer aucun droit de formariage [2].

---

[1] Charles Gomart. Rues et enseignes de Saint-Quentin.

[2] Bibliothèque Nationale (Manuscrits) Histoire du couvent de l'abbaye de Saint-Quentin en l'Isle-Fouquier — Chôllet; Histoire des Comtes de Vermandois. Archives de l'Hôtel de Ville de Saint-Quentin (classées par Janin.).

30 mai 1501, Louis XII, à Laon, remercie les Maire et Echevins de Saint-Quentin des six faucons, qu'ils lui ont envoyés et les renvoie en les priant de les garder.

1501. A l'entrée de l'Archiduc d'Autriche en la ville de Saint-Quentin, on y représente le Mystère de la Passion de Monsieur Saint-Quentin, lequel renferme 18.846 vers.

Le lundi de Quasimodo 1509, on jette les fondations du grand portail de la Collégiale de Saint-Quentin.

2 mars 1517, bail d'un état de la Halle aux Herrens, dans la ville de Saint-Quentin, à Henri Eusset, moyennant quatre livres tournois par an.

10 mai 1557. Bataille de Saint-Quentin, où le duc de Montmorency fut défait par Emmanuel Philibert de Savoie, lieutenant de Philippe II. La défense fut héroïque, comme l'attestent les vers suivants dus à Santeuil :

> Bellatrix i Roma, tuos nunc objice muros
> Plus defensa manu plus nostro hœc tincta cruore
> Mœnia laudis habent; furit hostis et imminet urbi.
> Civis murus erat : nobis sat civica virtus,
> Urbs memor audacis facti dat marmore in isto
> Pro patriâ cœsos eternum vivere cives.

27 novembre 1564, le Parlement de Paris maintient les maire et échevins de Saint-Quentin dans leurs droits d'élection et de juridiction criminelle. Etiennette Dufour, fille du conseiller Jérôme Dufour

reçu au Parlement, le 17 mars 1568, épouse Louis Varlet, seigneur de Gibercourt et de Montescourt.

La peste régna à Saint-Quentin en 1598, 1635, 1637.

1590. Henri IV à Saint-Quentin, hôtel du Griffon, à l'angle de la rue Saint-Jacques, confirme aux habitants de la ville tous les privilèges concédés par ses prédécesseurs.

14 mai 1610, Louis XIII informe les habitants de Saint-Quentin que son père à été assassiné par Ravaillac.

1648. La ville de Saint-Quentin achète l'horloge de Cateau-Cambrésis, consistant en cinq timbres, neuf appeaulx, avec roues, ferrures, marteaux et autres pièces, moyennant 2100 livres tournois.

30 septembre 1650, Louis XIV décharge, à cause de leur ruine et pauvreté, les habitants de Saint-Quentin d'un impôt de 2400 livres.

8 avril 1670, Louis XIV avise le Mayeur et les échevins qu'il passera, à Saint-Quentin, pour aller voir les villes de Flandre.

Juillet 1679, Louis XIV établit à Saint-Quentin, un marché franc, le dernier jeudi de chaque mois.

1 juillet 1679, les officiers royaux confirment que l'Hôtel de ville appartient à la commune.

25 septembre 1746, Louis XV autorise le Maire de Saint-Quentin à porter, pendant ses fonctions, à la boutonnière de son habit, une médaille d'or émaillée, à deux faces, parée par une croix, pattée sur

l'une desquelles sont les armes de la ville de Saint-Quentin avec la légende : *fidelitatis præmium.*

29 mai 1775, la procédure relative au droit de franc-alleu soutenue par la ville de Saint-Quentin, contre le Receveur général du Domaine dura près de dix-sept ans. Après la plaidoirie savante de maître Maillet, conseiller au Baillage Mayeur, le roi en son Conseil jugea que les maisons de Saint-Quentin étaient en franc-alleu. Ce procès avait une importance de deux millions.

Le grand pastelliste Maurice Quentin de la Tour, né à Saint-Quentin le 5 septembre 1704, y mourut le 17 février 1800.

Le Baillage de Saint-Quentin renfermait trois villes, outre le chef-lieu : Ham, Nesles, Bohain ; 2 bourgs : Le Câtelet sur l'Escaut, Beaurevoir ; 128 villages et 66 hameaux.

Les terres titrées étaient : Saint-Simon, Duché-pairie sur la Somme. Les marquisats de Nesles, de Caulaincourt sur l'Omignon et de Moy sur l'Oise, les baronnies de Honnecourt sur l'Escaut, de Roupy et d'Estrées, la Châtellenie de Vendeuil, sur l'Oise ; 4 abbayes d'hommes : Honnecourt et Homblières (de l'ordre de Saint-Benoît) Vermand et le Mont-Saint-Martin (de l'ordre de Prémontré [1]).

---

[1] Voir la Gallia Christiana. La Picardie d'après les manuscrits (Aubry libraire, à Paris. Doloy, à Saint-Quentin.)

LA PICARDIE

SAINT-QUENTIN EN VERMANDOIS

CHAPITRE PREMIER

FORTIFICATIONS

La ville de Saint-Quentin était habilement for-
tifiée. Dès 1471, Pierre Aubert, conseiller de Louis XI,
fit barrer le Grosnard, pour retenir les eaux dans les
fossés. Sous Louis XII et François Ier, fut élevée la
tour Ste Catherine. La tenaille de Remicourt, com-
mencée en 1605, sous Henri IV, fut achevée sous
Louis XIII, en 1634. Le bastion gauche fut appelé
Dauphin, le bastion droit, d'Anjou. En avant du bastion du Roi fut élevé un ouvrage à cornes. (1624 ;)
le bastion de la noblesse était près de la demi-lune
Saint-Jean. Le bastion Richelieu absorba, à Plai-
sance ou Bagatelle, la maison de Jean Agisson
(1634.) Louis XIII, à Saint-Quentin, ordonna la construction de la demi-lune St Louis et du bastion du
Coulombier. En deçà du faubourg d'Isle, on cons-
truisit, près de l'Église Saint-Éloi (1636) une autre

demi-lune. Vinrent ensuite les constructions de la porte St-Jean et de la demi-lune Cavin (mai 1637). Le bastion de la Reine fut achevé (1638). En 1639, la demi-lune St-Prix ou de Ste Claire fut édifiée et complétée, en 1640, par l'ouvrage à cornes Saint-Martin. La demi-lune de Pradel fut faite, en 1676 et le retranchement de l'Etang du Haut, (1712). La Tour à l'eau était située, dans l'axe de la route menant de la rue de Baudreuil à l'abattoir.

La ville avait six Portes : Porte d'Ile-Mairesse, près l'Église St-Éloi, la Porte de Pontoile, remplacée, en 1551, par la deuxième Porte Saint-Martin, Porte du vieux marché, Belle Porte ou Saint Jean, Porte de Remicourt, supprimées à la paix de 1559. Les fortifications furent rasées de 1816 à 1828.

ADMINISTRATION

La maison du gouvernement fut donnée par Philippe IV, dit le Bel, aux chevaliers de Malte, qui l'échangèrent contre le Faucon Vert, situé rue Saint-Martin.

CHAPITRE II

COUVENTS

Le Chapitre avait cinquante quatre Chanoines et un Doyen. Le Chapitre de Sainte Pécinne avait douze Chanoines. Le Chapitre nommait neuf curés : Sainte Pécinne, Sainte Catherine, Notre-Dame, Saint Jacques, Saint Thomas de Canterbury, Saint André, Saint Martin, Sainte Marguerite, Saint Jean. L'évêque de Noyon nommait à Saint-Remi, les Bénédictins à Saint-Éloi, l'abbé de Saint-Prix à Oëstres, qui avait pour succursale Saint Nicaise, bâtie en 1252. Outre les Chanoines et les Curés de Saint-Quentin, il y avait quatre-vingt trois Chapelains, réunis en communauté. L'abbaye d'Isle comptait jusqu'à cent Bénédictins ; il y avait sept Cordeliers, neuf Capucins. Il y avait, en 1648, des religieux à Fervaques, de l'ordre de Saint Bernard ; des Cordelières ou Clarisses, dotées, dès 1270, par les libéralités des seigneurs de Moy. Les sœurs de la Croix avaient, dans

une de leurs maisons, reçu Gabrielle d'Estrées, lors
d'un des voyages d'Henri IV, à Saint-Quentin. Les
sœurs grises, au nombre de cinq, étaient vouées aux
malades et à l'éducation des enfants.

L'Hôtel-Dieu (Buridan) comptait 36 lits, il était
administré par le Chapitre et desservi par les Au-
gustines ; il y avait, en outre, 9 hôpitaux.

CHAPITRE III

COLLÉGE

Le collége des Bons Enfants (*Collegium bonorum puerorum*) était administré par un principal nommé par le Chapitre, le corps de ville et le Lieutenant général du Baillage.

MAIRIE

Enfin le corps de ville était composé d'un Mayeur, de seize Échevins et d'un Lieutenant. En l'absence du gouverneur, le Mayeur avait le commandement militaire de la Place.

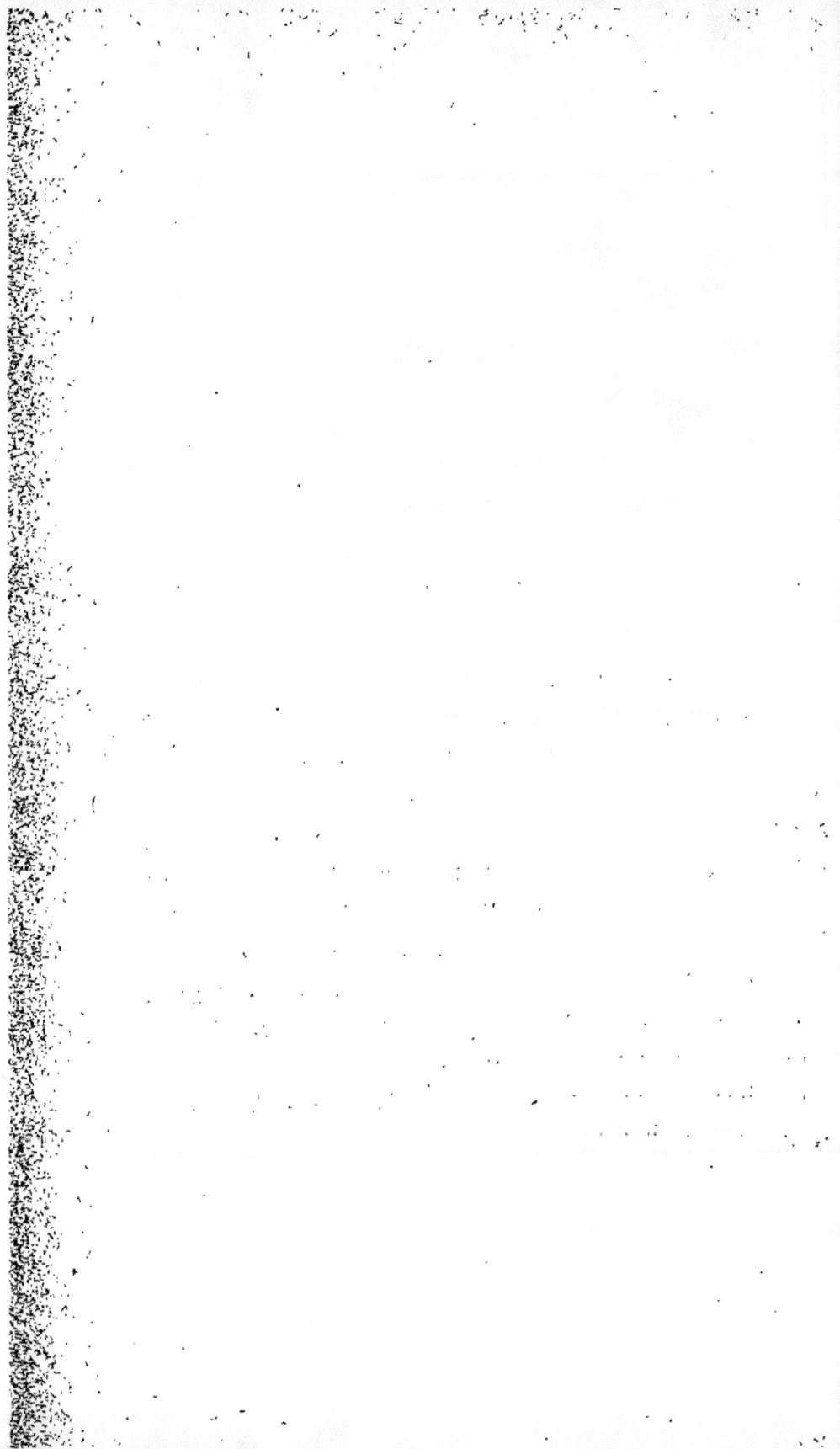

CHAPITRE IV

Les principaux saints de la Picardie étaient à Saint-Quentin : Saint Martin, Saint Denis, en outre Sainte Madeleine, à la Ferté-Chevresis, Saint Ponce, à Montigny-le-Franc, Sainte Fleur, à Vigneux, Sainte Irénée, à Bruyères sous Laon, Saint Mamert, à Montaigu, Saint Jean, à Mortiers, Sainte Eutropie, à Beaurieux, Saint Hilaire, à Machecourt, Notre-Dame de Bon-Secours, à Chaudardes, Saint Marcoul, à Corbeny, Sainte Renelle, à Couvron, Saint Gourgon, à Lappion, Saint Philibert, à Nouvion, Saint Antoine, à Pierremont, Saint Laurent, à Monceau le Vast, Saint Pierre, à Pacy, Saint Lugle et Saint Luglien, à Montdidier.

CHAPITRE V

POPULATION DE LA VILLE DE SAINT-QUENTIN

En 1705, il y avait à Saint-Quentin 1730 feux.
— 1777   —   —   2346 —
— 1800   —   —   2334 —
— 1822   —   —   2528 —

Comparaison entre les deux périodes comprises de 1691 à 1700, et de 1754 à 1760 :

	MARIAGES		NAISSANCES		DÉCÈS	
	1ᵉ époque	2ᵉ époque	1ᵉ époque	2ᵉ époque	1ᵉ époque	2ᵉ époque
Saint-André . . .	92	56	377	251	273	209
Saint-Rémi	8	22	30	60	8	43
Saint-Jacques . .	113	72	446	304	310	229
St-Jean-Baptiste .	197	188	792	929	689	780
Notre-Dame. . . .	70	49	343	289	208	257
Sainte-Marguerite	75	56	392	314	339	309
Saint-Martin . . .	99	74	447	377	418	338
Saint-Thomas. . .	53	34	244	198	258	205
Sainte-Catherine .	56	35	231	145	217	156
Sainte-Pécinne . .	103	88	511	533	503	448
Saint-Eloi.	50	61	324	304	283	263
Saint-Nicaise . . .	41	63	190	259	181	213
	957	798	4,327	3,963	8,689	3,450
Année commune.	96	80	433	396	369	345
Différence.	16 ou 1/16 en moins.		37 ou 1/12 en moins.		24 ou 1/15 en moins.	

Comparaison des deux époques.

$$
\text{Naissances}
\begin{cases}
\text{1}^{\text{re}}\text{ époque}
\begin{cases}
\text{mâles . . 2253} \\
\text{femelles. 2074}
\end{cases} - 4327 \\[2ex]
\text{2}^{\text{e}}\text{ époque}
\begin{cases}
\text{mâles . . 2089} \\
\text{femelles. 1874}
\end{cases} - 3963
\end{cases}
\begin{cases}
\text{364 ou 1}/\text{12 en} \\
\text{moins.}
\end{cases}
$$

$$
\text{Décès . . .}
\begin{cases}
\text{1}^{\text{re}}\text{ époque}
\begin{cases}
\text{mâles . . 1858} \\
\text{femelles. 1829}
\end{cases} - 3687 \\[2ex]
\text{2}^{\text{e}}\text{ époque}
\begin{cases}
\text{mâles . . 1675} \\
\text{femelles. 1775}
\end{cases} - 3450
\end{cases}
\begin{cases}
\text{237 ou 1}/\text{15 en} \\
\text{moins.}
\end{cases}
$$

Comparaison des naissances avec les morts.

Survivances.

$$
\text{En toute année commune}
\begin{cases}
\text{1}^{\text{re}}\text{ époque}
\begin{cases}
\text{438 naissances} \\
\text{369 décès}
\end{cases} \text{64 ou 1}/\text{7.} \\[2ex]
\text{2}^{\text{e}}\text{ époque}
\begin{cases}
\text{396 naissances} \\
\text{349 décès}
\end{cases} \text{51 ou 1}/\text{8}
\end{cases}
$$

$$
\text{Mâles . . . .}
\begin{cases}
\text{1}^{\text{re}}\text{ époque}
\begin{cases}
\text{226 naissances} \\
\text{106 décès}
\end{cases} \text{40 ou 1}/\text{16.} \\[2ex]
\text{2}^{\text{e}}\text{ époque}
\begin{cases}
\text{209 naissances} \\
\text{168 décès}
\end{cases} \text{41 ou 1}/\text{5.}
\end{cases}
$$

$$
\text{Femelles . . . . .}
\begin{cases}
\text{1}^{\text{re}}\text{ époque}
\begin{cases}
\text{207 naissances} \\
\text{183 décès}
\end{cases} \text{24 ou 1}/\text{9.} \\[2ex]
\text{2}^{\text{e}}\text{ époque}
\begin{cases}
\text{187 naissances} \\
\text{177 décès}
\end{cases} \text{10 ou 1}/\text{19.}
\end{cases}
$$

CHAPITRE VI

Numéros des maisons de la ville de Saint-Quentin au XVIIIe siècle, et leurs propriétaires par chaque quartier.

GRAND'PLACE. — L'hôtel de Ville était estimé d'un loyer annuel de deux cents livres. En face le Grand-Puits surmonté d'une fleur de lys, (*démontée et jetée au canal, aux journées de juillet* 1830). — Ce puits comprend quatre poulies, manœuvrant huit seaux.

Rue Croix Belles-Portes.	1 La veuve Rohart et ses enfants, cabaretiers.
	2 Renard-Lamouret, confiseur, renommé pour ses macarons.
—	3 Dauchet, directeur des tabacs, sur le marché aux volailles.
—	4 Figneaux-Lemaire, marché aux volailles.

Rue	5	Lescot, portier à la porte d'Isle.
Croix	6	Mathieu Sallé, cordonnier.
Belles-Portes	7	Mougeol, marchand, Puigault, notaire.
—	8	Martin-Langlantier, épicier.
—	9	Veuve Duliége et autres.
Cul de sac de l'Arsenal.	10	Claude Devienne, marchand drapier.
	11	Chapitre de Saint-Quentin.
—	12	Arsenal, par Maupoint de Rinville, loyer 380 fr.
Rue	13	Mégret de Chevenu.
Croix	14	Tourlet, horloger.
Belles-Portes.	15	Mallet, greffier de la ville.
—	16	Louis Bourré, menuisier.
—	17	Pluvinage, marchand.
—	18	Compagnon, cuisinier, au Martinet, rue Denis-Gadin ou de la Nef d'Or.
—	19	Veuve Lepreux, épicière.
—	20	Bayeux.
—	21	Veuve Delanchy.
—	22	Quentin Cambronne, manuelier.
—	23	Veuve Foulon, cordonnière.
—	24	Charles Bocourt, manuelier.
Rue Saint Jean ou Lilloise.	25	Charles Bocourt, manuelier à la Croix de fer.
	26	Etienne Pierre, cabaretier, au Panier fleury.
—	27	Veuve Forest.
—	28	Louise Pillon, marchande.
—	29	Rabache, serrurier.

Rue Saint-Jean	30	Nicolas-Antoine Bayeux, taillandier.
u	31	Ibid.
Lilloise.	32	François Magne, ferblantier.
—	33	Jean-Baptiste, fabricant de bas.
—	34	Veuve Pincepré.
—	35	Hardecourt, La « dame veuve. »
—	36	Hôtel-Dieu, par Cordelle.
—	37	» par Harelle.
—	38	Aumône commune, par Villemant.
—	39	» par Cambronne.
—	40	» par Louis Preux.
—	41	Veuve Devienne.
—	42	Mᵉ Caulier, procureur.
—	43	Gobinet de Cauvry. — Cambronne d'Artois.
—	44	Adrien Guilbant, cordonnier, Huet de Sancy.
—	45	François Clavaux, tailleur de corps.
—	46	Charles Regnault.
—	47	Béguines de Fonsomme, par Morel, menuisier. (V. 78.)
—	48	Quantin Suterre, menuisier.
—	49	Victor Josselin, chirurgien.
—	50	Ibid.
—	51	Veuve Dejoye, perruquier.
—	52	Michel Carlier, par Cabotin.
(*Le puits du Wez Saint Jean.*)	53	Lobbé fils, maréchal.
Rue aux Trépas.	54	Honoré Brunel.
—	55	François Delettre.
—	56	Jean Talbaux, maçon.

Rue *aux Trépas.*	57	Michel Brunet, tamiseur, par Jean François Josse.
—	58	Ducastel, maître à danser, par Legrand.
—	59	Thiéry, menuisier.
—	60	Veuve Pincepré.
—	61	Bellot, trésorier, par Barlarin.
—	62	« par veuve Séry.
—	63	« par Marie Anne Dollé.
—	64	« par Braillon.
—	64 (*bis*)	Mlle Regnault, par Bocourt, (magasin.)
—	65	Bellot, trésorier, par veuve Molinet.
Rue de la *Nef d'Or* *ou du Moulinet*	66	Henry, huissier. — Billier, procureur.
ou *de Denis Godin et*	67	Namuroy, notaire, par Mlle d'Etricourt.
non pas de Nigo- *din.*	68	Nicolas-Antoine Bayeux.
	69	» par Mlle Foulon.
Le puits	70	Pluvinage, par Allongé.
de Denis Godin.	71	Mallet, greffier, par Denoyelle, savetier.
Rue	—	L'ancien grenier à sel.
du petit Origny	—	Cimetière Sainte Marguerite.
ou des Droits	72	Mlle Regnault, par Viéville. (V. 294.)
de l'Homme.		
—	73	Fabrique Sainte Marguerite, par Ancelet, huissier.
—	74	Mlle Regnault.
—	75	Id.
—	76	Malézieux.

Rue	77	M^llo Regnault.
du petit Origny	78	Béguines Sainte Marguerite ou
où des droits		d'Urvillers. (V. 47.)
de l'Homme.	79	Abbaye d'Origny, par Vanégue.
—	80	» Clément.
—	81	» Bedin.
—	82	» Corbeau.
Rue	83	Villé, tonnelier.
aux	84	Quentin Payen.
Trépas	85	Matoulet, vitrier.
—	86	La Chaussée.
—	87	M^llo Montguyon.
—	88	François Lacaille, par Josse.
—	89	Dollé, curé de Saint Thomas, par Lesieur.
—	90	Lecaisne, procureur.
—	91	Segard, peintre.
—	92	Id.
—	93	Antoine Fiquet, mesureur.
—	94	Quentin Bocheux, cabaretier.
—	95	Veuve Tollet et autres.
—	96	Enfants Claude Senne.
—	97	Louis Dollé, fils.
—	98	Louis François Derouvroy.
Rue	99	M^llc Fréneville.
du Huez	100	Id.
ou Wez	101	Id.
Saint Jean.	102	Quentin Dollé, tailleur de pierres.
—	103	François Neukome.
—	103	(*bis*) Bâtiment et 35 verges de jardin à Noël Romain.
—		Colliette et François Charles Quentin Lepreux.

Rue	104	Delaporte, maçon, par Bazin.
du Huez	105	« Belair.
ou Wez	106	Lepreux, briquetier, par Ch. Lobert.
Saint Jean.		
—	107	Magd. Fournier, par Ch. Baloncé.
—	108	Veuve Pierre Fournier.
—	109	Jacques Flamand.
—	110	Bazin, par Géry.
—	111	Saint-Louis, par Cl. Gorin.
—	112	Morel, menuisier, par Antoine Delair.
—	113	Broyard dit Bricard.
—	114	Louis Dollé, ménétrier.
—	115	Louis Jacques Lecaisne, par Louis Lambert Gorrin.
—	116	Veuve Bocquillon.
—	117	Debry, avocat, par Philippe Villemant.
—	118	« Pierre Piot.
—	119	« Louis Desprez.
—	120	François Berhier, bedeau.
—	121	Joseph Hervilly.
—	122	François Corbeaux.
—	123	J.-B. Lecaisne, menuisier.
—	124	Hôtel de Ville, par Billon.
Rue	125	Duvivier, aubergiste.
du fossé	126	Antoine Leclerc, serrurier.
Saint Jean	127	Ch. Louis Collez, perruquier.
et	128	Alexandre Joube, tailleur.
Rue	129	Pierre Mathieu Cambronne.
Neuve	130	Héritiers Gallois, par Lefèvre.
Saint Jean.	131	« Cuvillette.
—	132	Pierre Frison.

Rue du fossé Saint Jean et Rue Neuve Saint Jean.	— La montée Bida, bastion de la Glacière.
	133 Veuve Née, aubergiste.
	134 Veuve Villemant, cordière.
	135 Id.
Rue Saint Jean ou Lilloise.	136 Malézieux, par les filles Guillebaut.
	137 « la veuve Q. Huille.
	138 Veuve Martine, par Louis Villemant.
—	139 Veuve Etienne Baudemont.
—	140 François Souplet, maréchal.
—	141 Mauroy, par Devienne.
—	142 Cordolle, mégissier.
—	143 Mauroy, à « La Hure. »
—	144 Louis Gallet, aubergiste.
—	145 Veuve Antoine Joly.
—.	146 Cl. Capron.
—	147 Chenaut, par Doublet, menuisier.
—	148 Veuve Rondaux.
—	149 Broyard dit Bricard.
—	150 J. Vuichon, cordonnier.

(Porte Saint Jean. Puits sous l'arche Belle-Porte.)

Rue de la Cloquette descendant à Valenciennes.	151 Méresse, baroteur.
	152 Benoit, dit Tinterlain, par Julien Carlin.
	153 Jacques Devillers.
Place de Cépy ou Marseillaise	154 Vinchon, mulquinier.
	155 Vielle, fabricant.
	156 Benoist, par Guill. Testart, arpenteur.
—	157 Pierre Ledoux.
—	158 Marie Carrière.
—	159 Ch. Carrière.

Rue	189	J.-B. Delettre, par Fraillon.
du Billon	190	Q. Villemant, cordier.
ou	190	(*bis*) Chambre et jardin à Gallois.
du Moulin.	191	J. Monty.
—	192	Magne, ferblantier, par Jacques Blérie.
—	193	Les vieux hommes, 110 fr. loyer.
—	194	» par veuve Coqueret.
—	195	Jacobins, par Beaulieu.
—	196	Talon, couvreur.
—	197	Maurice Bardau.
—	198	Fr. Bayeux, par Fagneau.
—	199	Georges Neukome, par Honoré Jancourt.
—	200	Jacques Gervais, sabotier.
—	201	» par Siméon Auguet.
—	202	Pinguet, musicien, par la veuve Cailleau.
—	203	»
—	204	Veuve Coupeau, apothicaire, par Cambronne, sergent.
—	205	Rabache, serrurier, par la Grandeur.
—	206	» Adrien Picot.
Rue	207	Henry Charlet, par Antoine Bayeux.
des	208	Dominicains, par Antoine Villé.
Rosiers.	209	» ou Jacobins. 450 fr.
—	210	De Puisleux, de Clacy, par Coquebert, major.
—	211	Talbaut, maçon.

Rue	160	Benoist par Dulieu.
des	161	» A. Bayard.
Rosiers.	162	Benoist.
—	163	Enfants Pillou, par Marquay.
—	164	Veuve François Delettre.
—	165	Chatelain, serrurier, par Dalfrère, remouleur.
—	166	Id.
—	167	Nicolas Rambout.
—	168	Dannequin, par Dollé.
—	169	Dannequin.
—	170	J. Thépry.
—	171	Fr. Bayeux, par Daquin.
—	172	Fr. Bayeux.
—	173	Courtois.
—	174	Georges Neukome.
—	175	Caillot, valet de ville, par Lelong.
—	176	Pierre Viéville.
—	177	Lelong.
—	178	Veuve Piron par J. Hurtret.
—	179	» Picot.
—	180	Enfants Louis Bayeux.
Rue	181	Enfants Bayeux, par Marguerite Rayer.
du Billon		
ou	182	» Cécile Vinchon.
du Moulin.	183	Doville, jardinier, par Prévost.
—	184	Doville.
(*Puits du Billon.*)	185	Charles Barbet.
	186	»
—	187	»
—	188	Louis Barbet.

Rue	212	Fr. Doublet, par veuve Joly.
des Rosiers.	213	» Charles.
—	214	Saint Jean, par l'abbé Dathy.
—	215	Veuve Dollé.
—	216	A. Vinchon.
—	217	A. Boileux.
—	218	Talon, couvreur, par Boileux.
—	219	Gouin, hallebardier à Saint Jean, par Samson Hallé.
—	220	Manier, par divers invalides.
—	221	Reniat.
—	222	A. Ramond.
—	223	Etienne Thiérot.
—	224	Veuve J. A. Luisse.
—	225	Mauchela.
—	226	Sébastien Vuarguier,
—	227	Pinguet, par Julien.
—	228	» Veuve Biquard.
—	229	Veuve Charlet.
—	230	Jorand de la Picardie, par Tonnelier.
—	231	Planquin par Bonnet.
—	232	Veuve Bonnet.
—	233	Charlotte François, par Marguerite Duval.
—	234	» Borne.
Place	235	Nicolas Nazet, par Q. Gobron.
de Cépy	236	» »
ou	237	J. P. Pellegrini.
Marseillaise.	238	» par Dollen.
—	239	» Quentin Caplu.

(Jardin à l'Hôtel-Dieu au fond du cul de sac, aujourd'hui à Macé, rue de la fosse 341. (Voir 229.)

Place de Cépy	240	Saugnier, par Pierre Coet.
ou	241	»
Marseillaise.	242	Fr. Carlier, tailleur.
—	243	J.-B. Delatte, par L. Fr. Coet.
—	244	Veuve Montagne, par Prissette, employé.
—	245	Georges Neukomme.
—	246	Hôtel Dieu, par Gérard.

Rue		
du Puits	247	» par Antoine Drolin.
Saint Jean	248	» Claude Caillet.
sous l'arcade	249	» Beauville.
Belle-Porte.		

Rue	250	Magnier, platrier.
Saint Jean.	251	Magnier, par Bleuze.
—	252	Devillers, marchand épicier. (V. 153.

Rue	253	Joseph Basin.
au sac	254	Veuve Joly.
Saint Jean.	255	Georges Neukomme.
—	256	»
—	257	Antoine Quetclet.
—	258	Q. Racine.
—	259	Veuve Courmontagne.
—	260	Veuve Delatte.
—	261	A. Capron.
—	262	Enfants Pierre Pequeux par Jacques Dufresne.
—	263	Friole.
—	264	Joseph Daultry par Legrand.
—	265	» Louis Lamotte.

3

Rue	266	Thévenart, par Villemant.
Saint Jean.	267	Monnoury.
—	268	Mlle Couilliette.
—	269	J. B. Dollé, aubergiste.
—	270	Enfants Pierre Pequeux.
—	271	Létournault, par Regault.
—	272	Coutte de Cépy, par Corduant.
—	273	Ch. Péqueux.
—	274	Louis Bayeux, taillandier.
—	275	Abbaye de Fervacques par Leleu.
—	276	J. P. Dollé, perruquier.
—	277	Bardeau, par Cl. Moutier.
—	278	» Thévenard.
—	279	» Fr. Gourdin.
—	280	Veuve Larsonnier.
—	281	Lecaisne, 2ᵉ procureur par Ville-mant.
—	282	Frison, épicier.
—	283	Eustache Dollé, ménétrier.
—	284	Vinchon, cabaretier.
—	285	Namuroy, filatier.
—	286	Regnel, mᵗᵉ des postes aux let-tres.
—	287	Cl. Cailleau.
—	288	Leroux de Beaulieu.
—	289	J. B. Massau, par Coet.
—	290	»

(Eglise Saint Jean 380 fr.)

—	291	Presbytère Saint Jean 150 fr.
—	292	Veuve Debry.
—	293	Prissette (V. 172.)
—	294	Refuge du Mont Saint Martin (au-berge.)
—	295	Pattez, procureur et notaire.

Rue Saint-Jean.	296	Salomon, filatier.
—	297	Wallart, aubergiste, *aux trois rois.*
—	298	Huet, mayeur.
Rue	299	Botté de Barival.
de la Fosse.	300	Déclincourt, mesureur.
—	301	Peiret, mesureur.
—	302	Blondeau.
—	303	Blondel, écrivain.
—	304	Veuve Graux.
—	305	Fr. Couillette, notaire.
—	306	Vᵉ Paignier, notaire.
—	307	Tribert.
—	308	Crommelin, chanoine.
—	309	Deschamps, par Becker.
—	310	Dorigny, chanoine (*Macé et Coutte Macé.*)
—	311	Delanchy, procureur, (310 *et* 279).
—	312	Chapitre par Bochart, curé de Saint Rémi.
—	313	Abbé Dumont, par Reboutté.
—	314	Servante de l'abbé Marolles.
—	315	Cailleaux, cabaretier.
—	316	Revelard, mesureur.
—	317	Dorigny, chanoine, par Montfourny.
—	318	Philippy d'Estrées du Tronquoy (339.)
—	319	Declincourt, par Lefèvre.
—	328	Esmangart de Bournonville.
(*Le puits qui va toujours.*)	321	Esmangart de Bournonville par Grand-Maison.

Rue	322	Veuve Debry.
Saint Jean.	323	Dourlez, horloger.
—	324	Veuve Piron.
—	325	Dame Lallier de Fayet.
—	326	Veuve Férat.
—	327	Namuroy, procureur.
—	328	Mauroy, épicier.
—	329	J. Corbizet.
—	330	Mallet, notaire apostolique.
—	331	Thomas, chanoine.
—	332	Veuve Senac.
—	333	Rohart, filatier.
—	334	Pirez, chamoiseur.
Rue	335	Brunel.
de la	336	Mme Breteville.
Monnoye.	337	Dorigny, lieutenant particulier.
—	338	Mégret Fizeaux.
—	339	Philippy d'Estrées du Tronquoy (318.)
—	340	Mme d'Henrymont.
—	341	L. P. Colliette Fouquier.
—	342	Mlle Crommelin.
—	343	De Peitavy, chanoine.
—	344	Dorigny de Retheuil.
—	345	L'abbé Caron.

(Prolongement au rempart.)

Rue	346	Gouvernement.
Tauzin Héron	347	Id. 600 fr.
ou Napoléon.		

(Puits		
Grande-Gueule.)	348	Chapitre de Saint Quentin, par

Rue		Cambronne.
du four	349	»
du Temple.	350	»
—	351	Flé, chanoine, par Mme Jouve.
—	352	Abbé Bernard.
—	353	Mlle Mallet, par Bellier.
—	354	Veuve Gomperé, par Veret, fils.
—	355	Hôtel Dieu, par Marie François.
Rue	356	Thomas, mulquinier (remise) par Hantey.
de		
Remicourt.	357	» par Legrand.
—	358	» Moton.
—	359	» Babillotte.
—	360	Hôtel Dieu.
—	361	Veuve Lefranc par l'abbé Marrolles.
—	362	Colliette, par veuve Lesueur.
—	363	Tourlet, horloger.
—	364	» par...
—	365	» Joseph Rohart.
—	366	Veret.
Rue	367	Carpentier, Desains, médecin.
Sainte Pécinne	368	Veuve Lefèvre, par l'abbé Templeux.
ou		
Nationale.	369	Deschamps.
—	370	Mlles Ferot. M. Galoy.
—	371	Crommelin, chanoine. Bernoville.
—	372	Devaresme, chanoine, Besnard, notaire.
—	373	Dartois, lieutenant-général. Les Dames de la Croix.
—	374	Périer, chanoine.
—	375	L'abbé Michel.

Rue	376	Barral.
Sainte Pécinne	377	Mlle Dey-Dussart.
ou		Eglise Sainte Pécinne, 200 fr.
Nationale.		loyer (madame Trefcon.)
—	378	Chapitre par Cambronne.
—	379	» Fr. Pillon.
Le	380	Antoine Douville.
grand Calvaire	381	Abbaye de Fervacques par En-
monté à peine.		fants Galand.
Rue prolongée	382	Baligand, chantre.
au rempart des	383	Veuve Féra par Dejoye, bedeau.
Suzannes.	384	» » brasseur.
Rue	385	Béranger.
Bouttefour.	386	Beauville, déchargeur.
—	387	Piednoir par Dodin.
—	388	Abbé Hugot (Godart).
—	389	»
—	390	Q. Bayeux par Duplaquet.
—	391	Presbytère Sainte Pécinne par Pi-
		cot, curé. 860 fr. 3 maisons.
—	392	Veuve Loutineaux par Soyer.
—	393	» Fr. Gaucher.
—	394	Dathy par veuve Morelle.
—	395	Fabrique Sainte Pécinne par veuve
		Molinet.
—	396	Féra, charbonnier.
—	397	L. Gonin par veuve Dufort.
—	398	» Lacome.
—	399	L. Labbé par Dathy.
—	400	Quételet.

Place	401	J. Nonnain.
Saint Louis	402	Roger par Cauvin.
où	403	J. Barbier.
Carmagnole.	404	» par Courtepatte.
—	405	M. A. Barbier.
—	406	Cocu par Lacorne.
—	407	» Maroteau.
(Puits Bourbeux.)	408	Barbier fils par Lecaisne.
—	409	Clérentin par Th. Bertauld.
—	410	Legrand par Lafeuillade.
—	411	Reneufve par Bertaut.
—	412	Legrand par Rémi Mennesson.
—	413	Lenglet par Nicolas Serry.
—	414	P. Dreux.
—	415	Joran par Fr. Lalin.
—	416	Servante Deschamps par Allart.
—	417	J. Nonnain, boucher.
—	418	»
—	419	Lacontrie par Page.
—	420	» Boitel.
Rue prolongée		
au rempart	421	Lesur (Mlle).
Charleroi.	422	»
Rue	423	Madame Fouquier Colliette par
Bouttefour.		L. Lacome.
—	424	M. Fontaine (mâsure.)
—	425	Lepère par Debrie.
—	426	Lanchy par Plichon.
—	427	» Veuve Nicolas.
—	428	Fouquier par Croquet.
—	429	L. Lobgeois.
—	430	»

Rue	431	L. Lobigeois.
Bouttefour.	432	Veuve Charlèt par Ch. Picart.
—	433	Q. Leclère.
—	434	Lefèvre par Nicolas Bernier.
—	435	Maroteau par veuve Gillot.
—	436	Q. Doux.
—	437	Fr. Vuarnet.
—	439	L. Plichou.
—	440	L. Menotte par Antoine Belédin.
—	441	» Louis Maufroy.
—	442	Caron.
—	443	»
—	444	Langles.
—	445	L. Caron.
—	446	»
—	447	Joseph Gouin.
—	448	Veuve Charlet.
—	449	Wion.
—	450	Veuve Delfrère par l'abbé Brabant.
—	451	Madame Lefranc par Dufour.
—	452	Nicolas Richet.
—	453	L'aumône commune par veuve Séry.
—	453	(*bis*) Les chapelains par Perchelle.
—	454	De Franssure, officier.
—	456	Le Chapitre par Bellot.
—	457	L. Baudry : Leroy Créteil.
(Puits Sainte Pécinne.)	458	Mugaux, officier : Bugeot de Longchamps.
Rue des Liguiers.	459	Bayeux par Mignaux.
	460	Cocu.
—	461	Gallimare par veuve Bourseau.

Rue	462	Mayet, chanoine.
des Liguiers.	463	Marsollét par Guenoux, Leloir.
—	464	Le Collége, 450 fr. loyer.
		(Jardin du collège.)
—	465	Dumont.
Rue	466	Baudouin.
des Flamands	467	Tordeux, cabaretier.
ou	468	Bercuger, filatier.
Sainte-Anne	469	Dollé, brasseur, par Desmoulins.
ou	470	Antoine Patrouillard.
Beaurepaire.	471	Veuve Duhamel par M^mc Prévost.
—	472	»
Rue	473	» par Adinin.
Brûlée.	474	» par veuve Briot.
—	475	J. L. Denizart.
—	476	Agathe Richer par Cléry.
—	477	Fournier.
—	478	Veuve Camrrit.
—	479	Veuve Charlet.
—	480	» par veuve Villesa-voye.
—	481	Huet par veuve Miguot.
—	482	Doiterrit par P. Guillaume.
—	483	Maillet par Viéville.
—	484	Topin.
—	485	P. Coupé par Dodain.
—	486	Veuve Gelée.
—	487	»
—	488	P. Thévenet.
—	489	Antoine Desvarte.
—	490	Lobry.
—	491	»
—	492	» par son père.

3*

Rue	493	Dartois, lieutenant-général par Collebois.
Brûlée.		
—	494	Nicolas Depremont.
—	495	Agathe Richer.
—	496	»
—	497	»
—	498	Enfants Boulogne.
—	499	J. B. Quentin.
Rue	500	P. Pequeux, par veuve Vuales.
des Flamands.	501	Fr. Devillers par Braillon.
—	502	Maroteau.
—	503	»
—	504	Barthélemy Borda.
—	505	Legru.
—	506	Enfants Dumez.
—	507	Veuve Duhamel.
—	508	J. Douay, charpentier, Delanchy.
—	509	Béguinage de Fonsomme ou de Saint Jacques 30 fr. loyer.
—	510	Maroteau. Tordeux.
—	511	Maroteau.
—	512	Bizeau père.
—	513	« par Houzet.
—	514	Bizeau, père, par Aquairé Moreau. Rue prolongée au rempart.
—		La voûte, égout.
—		Le derrière de l'Eglise des Cordeliers.
—	515	Richet par Henry Leclerc.
—	516	Q. Minette.
—	517	Bourguignon, par Dubuisson. B. Savoyard.
—	518	Lefèvre par Rousselle.

(Puits Sainte Anne. *Chapelle.*)	519	Béguinage Sainte Anne 250 fr. loyer.
Rue d'Issenghein.	520	Boulanger.
Rue des Flamands.	521	Durotoy.
	522	Harlé.
—	523	et 524 Joseph Wion.
—	525	Blondel par J. Gris.
—	526	Pourrier.
—	527	Veuve Desgranges.
—	528	Médard Mauroy.
—	529	Bertaut maçon.
—	530	Coutte par Gabet.
—	531	Charlet par Mlle Férot.
—	532	Cambronne Huet par Dollé.
—	533	Cailleau, mesureur.
—	534	Piot par veuve Bordeau.
—	535	Fr. Loyer.
—	536	L. Bourguignon.
Rue des Liguiers.	537	Dubœuf cabaretier, au coin de la rue Sainte Anne.
—	538	Bayeux, paveur.
—	539	Charlet par Depille, Mallogabet.
—	540	Delaruelle : Payen, perruquier.
—	541	Fr. Maroteau ; veuve Lefèvre ; abbé Biseau.
—	542	Campion par Mlle André.
—	543	Fabrique N. D. par Joube, vitrier.
Rue du cimetière Notre-Dame ou petite rue du district.	544	Veuve Férin, Houzet tonnelier, (V. 814.)
	545	Le Chapitre par Levert et André.
	545	(*bis*) Jardin à Créteil, notaire, n° 812.

Rue du cimetière	546	Presbytère N. D. 200 fr. loyer.
Notre-Dame	547	Fabrique N. D.
ou petite rue	548	»
du district.	549	Campion par Lefèvre.
		Sacristie et cimetière N. D. 50 fr. loyer.
—	550	Lamouret.
—	551 à 556	Lezant.
Petite rue	557	Lamouret.
du Sacrifice	558	Madame de Bournonville.
d'Abraham	559	André Marchandise, au sacrifice d'Abraham.
ou		
Saint Nicolas.	560	Les Prémontrés par Lemoine et Duvivier.
—	561	» Gabet.
—	562	» Aubriet et Caumartin.
—	563	» Masson.
—	564	Dauchet par veuve Delin, Biseau fils.
—	565	Chapitre par Page, Biseau fils.
Rue	566	» Dieu.
des Liguiers.	567	Chapitre par Macé, Biseau fils.
—	568	Veuve Scarvet.
—	569	Carré par veuve Scarset.
—	570	André, chanoine.
—	571	Forestier, médecin.
Rue des Prêtres		Jardins aux n°s 660-61.
ou	572	Dartois, lieutenant-général.
Morlaincourt.		Dames de la Croix.
—	573	(Chauvenet) De Lesdins
—	574	Poitevin, conseiller (*pension albaletrier.*)

Rue	575	Aubert.
des Liguiers.	576	Dumont, musicien.
—	577	Dollé, brasseur.
—	578	»
Rue	579	Mlle Frellon par Dollé.
Sainte Pécinne	580	Gaillard.
suite du	581	Chevalier de Chauvenet (de Bel-
Gouvernement.		lenglise.)
—	582	Cousticier par Roqueville.
—	583	Chapitre par Franssure, officier.

Rue		2 jardins aux nos 643-44.
de la Monnoye	584	De la Charasse, chanoine.
ou	585	Chapitre par Martin, chanoine.
de la Révolution.	586	Veuve Dubry-Tabary.
—	587	Doyenné de la ville (de Mirmont.)
—	588	Chapitre par de Lartigue, cha-
		noine.

Rue Notre-Dame	589	Chapitre.
de Labon.		Trésorerie et prévôté du chapitre.
—	590	Rouillon, musicien.

Rue	591	Mlle Mallet ; Mallet, notaire.
de la Monnaye	592	Mlle de Chalvoix.
(Puits		Maison au n° 634.
des hallebardiers.)		Jardin au n° 633. M. Piot, rue
ou		Saint Rémy.
de la Révolution.	593	Mailliet par Mlle Martin.
—	594	Delanchy, procureur.

Rue	595	Presbytère S. André, 300 fr. loyer.
Croix	596	Watier.
Belles-Portes.	597	Gobinet de Villecholles.

Rue Croix	598	Blondel, avocat.
Belles-Portes.	599	Delamesche.
—	600	Raimond.
—	601	Trombert.
—	602	Guillaume.
—	603	Blondel, avocat.
—	604	Raimond.
—	605	Trefcon.
—	606	Matoulet.
—	607	Mouchy.
—	608	Veuve Denoyelle.
—	609	Mlle Mercier par Graux, meunière.
—	610	Veuve Dubois.
—	611	Touchon père.
—	612	Lemaire.
—	613	Denoyelle.
(Marché	614	Filles Menue.
aux volailles.)	615	Dufresne.
—	616	Touchon fils, Dubois Gladien.
—	617	Veuve Désavenelle.
—	618	Damaye.
—	619	Pillon.
—	620	P. Damaye.
Rue	621	Chauvée.
Saint André.	622	Romanet, perruquier.
—	623	Veuve Oyon.
—	624	Bordé, chaudronnier.
—	625	Magnier, chirurgien.
—	626	Prison du Beffroy,
—		Beffroy, 60 fr. loyer.
—		Cimetière de Saint André.
—	627	Chatelain.
—	628	»

Rue	629	Lepère.
Saint-André.	630	Fabrique Saint André par Delattre.
—		Eglise Saint André, 150 fr.
(Cul de sac		Bâtiments au n° 597-6.
Saint André.)	631	Fabrique Saint André par Douchet.

(Place Saint-André.)

—	632	Ecole de la Charité par l'abbé Pontruet.
		Derrière du presbytère Saint André n° 595.
		» des n°ˢ 593-94-92.
—	633	Chapitre par abbé Maillera ; Piot.
(Puits de la place	634	Chapitre par Flogny, Mme Beaufort.
Saint André.)		

Rue	634	(*bis*) Eglise Saint Rémi, 100 fr. loyer.
S. Rémi.		
—	635	Abbé Dollé et Mme Bellot.

Petite place		Eglise S. Quentin (690 fr. loyer.)
S. Quentin	636	Maison du portier, par Goguet.
ou		Greniers du chapitre et cloître,
de l'Egalité.		100 fr. loyer.
—	637	Sœurs de charité.
(Puits de la vicomté.	638	Halle aux poids par veuve Raison.
vendu.)		

Rue	639	Hôtel de Ville par Poiret, mesureur.
Grainville.		
—	640	Capet.
—		Remises au 638.

Rue de Tugny	641	Abbé Gobinet.
ou Delatour.	642	Enfants de chœur 700 fr. loyer.
(Puits des amoureux.)		*(Maison dépendant du cloître.)*
Place	643	Chapitre (783-84.)
des Barrettes.	644	Mlle Muyaux d'Hautencourt.
Rue du Moine de Beauvais ou de la Réforme.	645	Cousturier.
Rue Fréreuse.	646	Chapitre.
—	647	»
Place	648	» par Labretonnière.
des Barettes.	649	Chapitre.
—	650	»
—	651	Leblond.
Rue de la Vignette.	652	De Lartigue, par Cl. Danizeau.
Rue de l'Official ou des filles.	653	De Beauville.
Rue de Tugny	654	Chapitre.
ou	655	Bousnan, chanoine.
de Latour.	656	Vanier.
—	657	Michel.
Rue	658	Durand.
de Grainville	659	Breval (fontaine Moby).
—	660	Chapitre, (Blot, chanoine).
Rue	661	Duhénois, (Flament).
du Tripot.	662	Baynan.
—	663	Duprast.
—	664	Grenier à sel.150 fr.loyer.(pension Lefèvre). Institution S. Louis.

Rue et place *S. Nicolas* *ou Goûvron.*	665 666	Deslandes. Colliette-Vatier.
(Puits du Jeu de *Paume).*	667	Maillet, avocat.
Rue *du Tripot.*	668 669	Reps. Mme Desjardins. Mennechet-Fouquier, par Veuve Tombe.
—	670	»
Rue *de Grainville.*	671	Desjardins.
Petite place *S. Quentin.*	672	Chapitre par Midy.
Rue *de l'Orfèvrerie.*	673	Magnier, serrurier.
Rue *du Petit Paris.* — — —	674 675 676 677 678	Fouquier. » Mlle Lemaire. Pudepièce. Desjardins, avocat.
Place *S. Nicolas.*	679	J. L. Denizart, huissier. (Boute- ville successeur). Bâtiments aux n°s 801,803,798,808.
—	680	Hôtel-Dieu. (Rousselle).
Rue *de la Vieille* *Poissonnerie.*	681 682	Q. Suterre. Veuve Dejoye, par Gouin.
Rue *du Petit Paris.* — —	683 684 685 686	Lamouret, Créteil le jeune. Pudepièce, aubergiste. Julien, chantre. Deulin. J. Plonquet.

Rue	687	Mme Poiret.
de l'Orfévrerie	688	Veuve Brunet.
ou	689	Mme Poiret
des Toiles.	690	Veuve Tombe.
—	691	Veuve Brehou.
—	692	Veuve Coupeaux.
—	693	Hôtel-Dieu, par Gay.
—	694	Lepreux, épicier.
—	695	Bouré, couvreur.
Rue	696	Diot.
de la	697	Devenne, perruquier.
Vieille	698	Adrien Carpentier.
Poissonnerie.	699	Delamarlière, par la fille Piot.
—	700	»
—	701	»
—	702	Louguet.
—	703	Alexandre.
—	704	François.
—	705	Lepreux.
—	706	Marseille.
—	707	à 709 Hôtel-Dieu.
Rue	710	Deulin par Mlle Trocquemé.
de l'Orfèvrerie	711	Hôtel-Dieu, par Mamée Savouret.
ou	712	Michel Brunel.
des Toiles.	713	Cabotin, bonnetier.
—	714	Chapitre par Guébin.
—	715	Veuve Richet.
—	716	Leroy, chaudronnier.
Rue	717	Michel Brunel.
des Cohens	718	Boutillier.
—	719	Cambronne Huët.
—	720	Veuve Lepreux.
—	721	»

Rue	722	Culmé.
des Cohens.	723	Borde, tailleur.
—	724	Lecoq, aubergiste.
—	725 à 726	Lefebvre, par Delattre.
—	727	Duhamel, mulquinier.
—	728	Coët, cordonnier.
—	729	Julien, chantre.
—	730	Veuve Reneufve.
—	731	Guinet.
—	732	Mme Boutteville, par P. Doublet.
—	733	Liénard, savetier.
—	734	Desmoulins.
—	735	Reneufve.
—	736	»
Rue	737	Tombe, menuisier.
de l'Orfévrerie	738	Reneufve.
ou	739	François, cordonnier.
des Toiles.	740	Audibert, fondeur.
—	741	Dupenty, huissier.
—	742	Doublet, chapelier.
Impasse	743	Chapitre par Magnier.
de la	744	» »
petite place:	745	Segard, vitrier.
Place	746	Audibert, fondeur.
de	747	Duflost.
Saint-Quentin.	748	Chapitre.
—	749	Pinguet, musicien.
—	750	»
—	751	Veuve Rondeau, par Clément.
—	752	Buisson au Sauvage.
—	753	»
—	754	Desains.
—	755	Simon, chanoine.

Rue	756	Chapitre, par veuve Grégoire.
Saint-André	757	»
ou	758	Charlet, maçon.
Saint-Quentin.	759	Lefebvre, par Guilbaut, musicien.
—	760	Delattre, cordonnier.
—	761	Veuve Dufresne.
—	762	Cavel, marchand de vin.
—	763	Chevrier.
—	764	Mme Soyer, par veuve Cavenne.
—	765	Jérôme Lecocq.
—	766	Guinet.
—	767	»

Grande-Place	768	Boucherie, 750 fr. loyer.
ou	769	Gallois, notaire : Chatelain de
Place de la Loi		Morlaincourt.
et	770	Lefèvre, boulanger.
Cul-de-sac	771	Veuve Lepreux.
de	772	Cambronne Huet.
l'Orfévrerie.	773	Boutillier.
—	774	Veuve J. Cambronne.
—	775	»
—	776	Brayer.
—	777	Colliette-Fouquier, par Renard fils.
—	778	Martin.
—	779	Gambier.
—	780	Deulin.

Rue		
de l'Orfévrerie.	781	Guilbert (Mlle).

Rue	782	Boucher, horloger.
de la	783	Chapitre, par veuve Mauroy.
Sellerie.	784	Hôtel-Dieu, par Lescot, fripier.
—	785	» Bruge.

Rue	786	»	Veuve Joncourt.
de la Sellerie.	787	»	Marseille.
—	788	»	Lepreux.
—	789	»	François.
—	790	Alexandre Guinet, boulanger.	
—	791	Hennequin-Leroy.	
—	792	Hôtel-Dieu, par Alexandre.	
—	793	»	Guillaume.
—	794	»	Lougeac.
—	795	»	Masson-Biache.
—	796	»	Delacharlonny
—	797	Colliette, par Jorand.	
—	798	Colliette-Watier.	
—	799	Campion, par Grebert.	
—	800	Marquay, cordonnier.	
—	801	Pingret, menuisier.	
—	802	Hôtel-Dieu, par Royer.	
—	803	»	Dupont.
—	804	»	Crosnier (Mlle).
—	805	»	Gaudrier Dacheux.
—	806	»	Dieu, chantre.
—	807	»	Pardon, corroyeur.
—	808	Foucart, hôtel de la petite Notre-Dame.	

Rue		
des Liguiers.	809	Veuve Guébin, par Leleu.
Rue	810	Marolle, par Chippre. Guenoux.
de la	811	Margerin-Dorigny, lieutenant-criminel.
(Petite rue N. D.).		
Gréance	812	Créteil l'aîné, notaire.
ou	813	»
d'Isle	813	(bis) Église Notre-Dame. 350 fr. loyer.
ou		

de Thionville.	814	Houzet. I. L. Philippe
—	815	Campion, maréchal.
—	816	»
—	817	Payen, perruquier.
—	818	Potofeux, menuisier.
—	819	Touron.
—	820	Sébastien, Roger.
—	821	Dacheux, cordier.
—	822	Blondel, savonnier.
—	823	Jérôme François.
—	824	Rougemont, charcutier.
—	825	Touron, par Bourguignon.
—	826	Victor Rigault, chirurgien.
—	827	Mlle Joucourt.
—	828	Dubois, menuisier.
—	829	Tirmand, peintre.
—	830	Hôtel-Dieu, par Daniel.
—	831	Raison, épicier.
—	832	Bachelet, maçon.
Rue d'Issenghien.	833	Cécile Caron.
	834	Dubois.
(Cy-devant quartier ou rue du four à fromage.)	835	Lefèvre.
	836	Hanquet.
	837	Lièvre, couvreur.
—	838	Alexis Denisart.
—	839	Joseph Douay, par Léguiller.
—	840	Picot, curé de Ste Pécinne.
—	841	Gillet Rabœuf.
—	842	Rambour.
—	843	» par Borde.
—	844	Fabrique St Eloy par Lefèvre.
—	845	» »
—	846	Dumetz, courtier

Rue	847	Veuve Wion.
d'Issenghien.	848	»
—	849	Colliette, de la Boutique Verte.
—	850	Veuve Colliette.
—	851	Dumont, musicien.
—	852	S^te famille de Noyon, par Ste Marie.
—	853	Jorand.
—	854	Colliette.
—	855	» par Bruslé.
Rue	856	Jorand de la Picardie ou Pique
de la Gréance		Hardie.
ou	857	Hôtel-Dieu, par Degrave.
d'Isle.	858	» Desmoulins.
—	859	» Bégard.
—	860	» Nasse.
—	861	Colliette, à la Boutique-Verte.
—	862	Joseph Douay.
(Cul de sac	863	Enfants Dupeuty-Colliette.
de l'Arbalète.)	864	Aumône commune, par Devillers.
(supprimées et	865	Colliette.
réunies au 861).		
—	866	Colliette, par Courtois.
—	867	Veuve Rigault.
—	868	Fageot.
—	869	Cacaux, menuisier.
—	870	Mauroy, brasseur.
—	871	André Delporte.
—	872	Fontaine.
—	873	François Lecaisne, par Vuargnier.
—	874	Veuve Saugnier.
Rue	875	Bayeux, par Piot.
des Cordeliers.	876	» Quévreux

Rue	877	» Braillon.
des Cordeliers.	878	Jean Gris, par Douchet.
—	879	Louis Leriche.
—	880	Les Cordeliers, par Thérèse Gay.
—	881	Cacaux.
—	882	» par Mme Hadaucourt.
—	883	» Veuve Desmoulins.
—	884	Jean Cambronne, par Talbaux.
—	885	Lefèvre, par Daudrimont.
—	886	» Colliette.
—	887	Lefèvre.
—	888	»
—	889	PP. Cordeliers. 535 fr. loyer.
Rue	890	Douay.
de la Gréance	891	Fabrique N. D. par veuve Royon.
ou	892	» Brideaux.
d'Isle.	893	Devailly.
—	894	Veuve Debry.
—	895	Labergriz.
—	896	à 897 Caron.
—	898	Delmaire.
—	899	L^{is} Lefèvre.
—	900	Aumône commune par l'écu.
—	901	Lucy, mulquinier.
—	902	Chollet.
—	903	Deslandes, par Davin.
—	904	à 908 Veuve Declincourt.
Rue Vuager.	909	Saugnier, Colliette.
—	910	Colliette.
—	911	Charles Delaporte.
—	912	Gourdin.
—	913	Vauchelle du faubourg St Jean.
—	914	»

Rue	915	Gobert.
de la Gréance	916	Veuve Lotineau.
ou	917	Doublet, tourneur.
d'Isle.	918	»
—	919	Gouin, tisserand.
—	920	Mme Lefranc, par Deloizy épicier.
—	921	»
—	922	Lamy.
—	923	Cl. Vinchon.
—	924	»
—	925	Aumône commune, par Deflandre.
—	926	»
—	927	Mathieu de Robois.
—	928	»
—	929	Veuve Rullier.
—	930	Magny.
(1re *division du levant.*)	931	M. de Robois, par Iⁿ Nicolas Niny.
	932	Hon. Deverly.
—	933	Hôtel de Ville, par Lescot.
(2e *division du couchant.*)		Porte d'Isle : entrée du faubourg d'Isle.
—	934	Godefroy, épicier.
—	935	»
—	936	Aumône commune, par Berlemont.
—	937	L. Villemand.
—	938	Abbaye d'Isle, par Adnot.
—	939	» Iⁿ Cabot.
—	940	» Douchet.
Rue du rempart. (*supprimée.*)	941	Aumône commune, par Berlemont.

Rue des	942	Hôtel-Dieu.
Blancs Bœufs.	943	Montfourny, maçon, par Santin.
—	944	Veuve Tordeux, par Gros.
—	945	Veuve Durlin et autre.
—	946	Veuve Compère.
—	947	»
—	948	Guébin.
—	949	Quételet.
—	950	Veuve Rullier.
—	951	Jacquere.
—	952	Veuve Rullier.
—	953	Fournier.
—	954	Gallonde, par St Georges.
—	955	» Paris.
—	956	Enfants Girardin.
—	957	Françoise Philippe.
—	958	Veuve Dermy et autres.
—	959	Enfants Dermy.
—	960	Cambronne.
—	961	»
—	962	Sœurs de charité.
—	963	Fr. Douay.
—	964	Enfants Roger.
—	965	»
(Le puits de la	966	Veuve Mascret, par Chipre.
fontaine.)	967	Cadet Féra.
Rue	968	Cambronne.
de la Gréance	969	Enfants Roger.
ou	970	Leroyer père.
d'Isle.	971	Montfourny.
—	972	Remi Vielle.
—	973	Félix Bourse.
—	974	»

Rue de la	975	L^{is} Mausart.
Gréance ou	976	Veuve Hubert Vincent.
d'Isle.	977	Machut, par Coupé.
—	978	Machut.
—	979	Legrand, menuisier.
—	980	»
—	981	I^n Gris.
—	982	»
—	983	Veuve Lamory.
—	984	Fr. Compagnon.
—	985	»
—	986	Veuve Duflot, au Grand Louis.
(Cour Beauval.)	987	De Beauval, chanoine.
—	988 à 990	»
—	991	De Lamarlière, à N. D. de Liesse.
—	992	Saugnier, brasseur.
(Puits Noir.)	993	Fr. Saugnier, par Delacourt.
—	994	Fouquier.
—	995	Darolle.
—	996	Veuve Soyer (Th. Bizeau).
—	997	Mlle Reger (Desains *minimus*).
—	998	Duuez, savonnier (Demarolle Piron.)
Puits de la Rose.		
—	999	Watier de Puiseux. Colliette Piron.
Rue	1000	Desmoulins, boulanger. L. Dodé.
des Corbeaux.	1001	Baudelot, serrurier.
—	1002	Copé.
—	1003	Watier.
—	1004	Vitoux.
—	1005	Vignon par Nique.
—	1006	Pioche.
—	1007	Église St Thomas, par Pattez.

Rue	1008	Berton.
des Corbeaux.	1009	Veuve Druelle.
—	1010	Mauroy.
—	1011	»
—	1011	(*bis*) Maison Neuve à Beaudelot.
—	1012	Viéville, par Duplaquet.
Rue	1013	Debrouchy, par Lecreux, au coin, sur la rue de l'Isle.
de la Gréance		
ou	1014	» Ringard et autres.
d'Isle.	1015	Abbaye d'Isle. 2250 fr. loyer.
—	1016	»

(*Puits du Cerf-Volant.*)

—	1017	Pailliette.
—	1018	Hervieux, par veuve Guénoux.
—	1019	Hanquet.
—	1020	»
—	1021	Paquet, devaleur.
—	1022	Cl. Antoine Hurier, marchand de vin.
—	1023	»
—	1024	Lescot, chandelier.
—	1025	Mme Lefranc, par Dacheux.
—	1026	» Sarazin.
—	1027	» Robuise.
—	1028	Veuve Bruslé.
—	1029	Desgrenier, chirurgien.
—	1030	Gayer Ducreux.
—	1031	D^{lles} Trocmé, par Patte, perruquier.
—	1032	Emlin.
—	1033	Cronier, épicier.

Rue	1034	Raison, « aux Quatre Vents. »
des Brebis	1035	Mme Peruet.
ou	1036	Mme Lefranc. M. Aubriet.
de la Prison.	1037	» Desains, avocat.
—	1038	Desjardins.
—	1039	»
—	1040	Gabet.
—	1041	Mlle Poittevin, M. Dollé-Lenoir.
—	1042	Dumetz.
—	1043	Dollé-Lenoir.
—	1044	Lemaire.
—	1045	Prison Royale. 300 fr. loyer.
Rue des	1046	Trasnoy, « aux Trois-Savoyards. »
Blancs Manteaux	1047	Guillard, par Monnoury.
ou des	1048	Mlle Doublet.
Trois Savoyards	1049	Lemaire.
Rue de la	1050	Mme Lefranc, par Croquet.
Truie qui file.	1051	Lescot, par Brenneva.
—	1052	Lescot, par veuve Baudelot.
Rue du	1053	Veuve Carlier. Bizeau fils. Dégre-
Petit Pont.		mont.
—	1054	Dufour.
—		Bâtiments et jardin à l'abbaye d'Isle.
		(*Rue des Corbeaux*).
—	1055	Antoine Bareu.
—	1056	Watier, par Clément.
—	1057	»
—	1858	Fr. Fouquier.
—	1059	» par Saugnier.
—	1060	» »
—	1061	Cl. Baudemont.

4*

Rue du Petit Pont.	1062	Veuve Demarquet.
	1063	Douay, par Fidel Hachet.
—	1064	Thiébault.
—	1065	Lefèvre.
—	1066	Dauphin.
—	1067	Veuve Alavoinne.
—	1068	Bourgeois.
—	1069	Veuve Compère, masure
—	1070	Bachelet, maçon.
—	1071	Charpentier.
—	1072	Veuve Bardeau,
—	1073	Malasué, par Eloy Bourse.
—	1074	Baudemont, par Talbot.
—	1075	Bachelet, par Chery.
—	1076	Cl. Nicolas.
—	1077	Bachelet, par Bourgeois.
—	1078	Doublet, par Parent.
—	1079	» Bridoux.
—	1080	à 1082 Laurent Barbet.
—	1083	Veuve Brou.
—	1084	Lempereur.
—	1085	Iⁿ Gris, par Bourgeois.
—	1086	»
—	1087	à 1088 Q. Tombe, par Dupart.
—	1089	Devailly, par Thérèse Dauphin.
—	1090	Aumone commune.
—	1091	Lempereur, par Boileau.
—	1092	Dollé.

(Jardin à la veuve Wattier et ses enfants.)

| — | 1093 | à 1095 Cambronne, brasseur. |

(Bâtiment du petit Pont.)

| — | 1096 | Veuve Vinchpn. |
| — | 1097 | Fournier, par Joly. |

Rue du	1098	»	Rochefort.
Petit Pont.	1099	Margerin le jeune, par Joly.	

Jardin au n° 1176.

(Rue des Agaces).

Dames Cordelières.

Rue	1100	Lecoq, plâtrier « A l'Espérance. »
de la Coignée	1101	Durotoy, cordier.
ou du	1102	Hôtel-Dieu, par Vᵉ Patrouillart.
Bout du Monde.	1103	» Vᵉ Rousseaux.
(des plates pierres)	1104	Pourrier. Tordeux. Testart.
(Puits Hapart ou	1105	Biseau. (Cy-devant Doublet).
de l'Espérance.)		

Rue des		
Blancs Moinets.	1106	Sœurs de la Croix, par Vᵉ Baloche.

Rue	1107	» 250 fr. loyer.
des Brebis.	1108	Blondel Melchior.

Rue de la	1109	Veuve Picard. Doyen, huissier.
Poterie ou	1110	à 1111 Veuve Hénaut, par Gauchet.
petite rue	1112	Piot, greffier. Rigaux.
Saint-Jacques	1113	Presbytère Sᵗ Jacques. Robichon.
ou	1114	Lefèvre, par J. L. Cambronne.
de la Loy.	1115	Bernoville.
—	1116	Delahaye du Griffon (v. 1158).
—	1117	Ohier, par Pontruet.
—	1118	Mˡˡᵒ Fournier, par Lebel.

(Église et cimetière Sᵗ Jacques. 50 fr. loyer.)

—	1119	Lefèvre Marolle, par Damaye.
—	1120	Gladieu, serrurier.
—	1121	J. Cambronne, par Cholet.
—	1122	Mᵐᵉ Reneufve. Vinchon, notaire.
—	1123	Loiv.
—	1124	Elie Hénoque. Plaquet, tailleur.
—	1125	Doublet, courtier.

Rue des Brebis	1126	Alexandre Margerin.
ou	1127	Branquette, tailleur.
de la Prison.	1128	Denelle, serrurier.
—	1129	Veuve Martine, par Alavoinne.
(Puits des	1130	Veuve Martine.
quatre Vents).	1131	Fr. Legrand, menuisier.
Rue	1132	Thiéry des Messageries.
de la Sellerie	1133	Veuve J. Leroux.
—	1134	Landa, cadet.
—	1135	Veuve Soyer.
—	1136	Pingret par Quentin.
—	1137	Hôtel-Dieu par veuve Petit Frère.
—	1138	Priez.
—	1139	Landa, aîné.
—	1140	Lefèvre Marolle.
—	1141	Robert Branquette.
—	1142	Veuve Joncourt.
—	1143	Leclerc par Duliége.
—	1144	Deverly, charcutier.
—	1145	Guérin par Cordier, boutonnier,
		(Fief mouvant du Chapitre.)
—	1146	Rébouté, marchand de sabots et boutons.
—	1147	Vinchon, cordonnier.
—	1148	Robart, boutonnier.
Grande Place.	1149	Lepreux par Denys.
—	1150	Madame Allard.
—	1151	Doffémont.
—	1152	Seret, fripier.
—	1153	Lafillé par Lafrance.
—	1154	Cl. Carpentier.
—	1155	Mlle Fournier.
—	1156	D'Hier.

Grande-Place.	1157	Gouge, boutonnier.
—	1158	Delahaye, au Griffon.
—	1159	Guillaume, orfèvre.
—	1160	Fournier, maître d'école.
—	1161	Cambronne, chapelain.
—	1162	Gallois, épicier.
—	1163	Hautoy, imprimeur.
Rue des Faucilles.	1164	Hôtel-Dieu, par Henry.
Rue du Four Lambrée ou du Dieu d'Amour.	1165	Fr. Cambronne.
	1166	Cl. Nicolas.
	1167	Duflot, vitrier.
Place des Campions.	1168.	Lefèvre Cambronne, courtier.
	1169	Veuve L. Cambronne.
—	1170	Veuve Victorine Cambronne.
Rue des Cordelières ou des Juifs.	1171	Féra.
	1172	Bachelet, maçon.
	1173	Joseph Cambronne.
	1174	Rigaud, tapissier.
—	1175	Dames Cordelières, 400 fr. loyer.
—	1176	Roger, ployeur. — Blanquart.
—	1177	Cambronne, brasseur.
—	1178	» par Marliot.
—		Jardin à Quennesson Hennequière.
—		Maison des Francs-Maçons.
—	1179	Joly, par Mouchy.
—	1180	Renault, jardinier.
—	1181	»
—	1182	»
—	1183	Muller, ployeur, par Augustin.
—	1184	Renault, jardinier.
—	1185	»

Rue des	1186	Muller, ployeur.
Cordelières ou	1187	»
des Juifs.	1188	Veuve Tordeux.
—	1189	» par Mme Testart.
Rue des Piliers	1190	» son fils.
ou de	1191	»
Saint Thomas	1191	(*bis*) Église S. Thomas. 225 fr. loyer.
et des Agaches.		
—		Maison à l'Aumône commune.

Rue des Agaches 1192 Aumône commune. Hôpital des
et de Bournival.　　　 orphelins 350 fr. loyer.

Rue	1193	Fabrique Saint Thomas par veuve Laurent.
des Cordelières		
ou	1194	Devillers.
des Juifs.	1195	et 1196 Roquet (Honoré).
—	1197	Rossambre, menuisier.
—	1198	Delbarre.
—	1199	Chatelain, serrurier.
—	1200	Duplessis par Quillet.
—	1201	Devâtre (Bizeaux).
—	1202	Duuez.
—		Devâtre. — Dumoutier.
—	1203	Bardeaux.

Rue du	1204	Mme Joly. — M. Arpin.
Four Lambrée	1205	François Denesle.
ou du	1206	Thiéry.
Dieu d'Amour.	1207	Geoffroy, aubergiste. Patté Machier.

Rue	1208	Veuve Picard, par Mlle Fournier.
des Faucilles.	1209	Mlle Druide.
—	1210	Sautet.

Rue	1211	Bernoville.
des faucilles.	1212	Abraham Cambronne.
—	1213	Jacques d'Hier, par Bardeaux. Arpin.
Rue au Cerf,		
quartier	1214	D'Hier, menuisier, Arpin.
Saint Thomas.	1215	Tihubé, marchand épicier.
(Puits		
des Campions.)	1216	D'Hier. Arpin.
Place		
des Campions	1217	Mégret, fils.
ou des Patriotes.	1218	Harlay.
Rue	1219	Lebègue par Legrand, tailleur.
au Cerf	1220	» »
ou	1221	Dumoutier. Devastre.
Saint Thomas.	1222	Devastre.
—	1223	Duplessis.
—	1224	Veuve Mascret.
—	1225	Laurent.
—	1226	Mlle Joncourt.
—	1227	Veuve Poutruet.
—	1228	Guillebaut.
—	1229	Davin, mulquinier.
—	1230	Legrand.
—	1231	Thomas.
—	1232	Dartois, lieutenant-général, par Taisne.
—	1233	Quenoine, serrurier.
—	1234	Magnier.
—	1235	Caillaux, sergent.
—	1236	Aumône commune par Mlle Piot. *(Puits caché)*.
—	1237	» Dubois.

Rue au Cerf ou	1538	»	Noé.
Saint-Thomas.	1239	»	Laurent.
—	1240	Mauroy.	
—	1241	Aumône commune par Racine.	
—	1242	De Brissac par Laurent.	
—	1243	« Dumant.	
—	1244	Labalette.	
—	1245	De Brissac par Normand.	
—		Eglise Saint-Thomas. *(Petite Place.)*	
—	1246	Enfants Davin.	
—	1247	à 1248 Davin.	
—	1249	Mégret par Clément.	
—	1250	» Havet.	
—	1251	Antoine Bleuse par Huyart.	
—	1252	» »	
—	1253	J. Bᵉ Delattre par Vincent.	
—	1254	Charles Roger.	
—	1255	Fr. Roger.	
—	1256	Marguerite Legrand.	
—	1257	Doville.	
—	1258	Veuve Morcrette.	
—	1259	Auguet par Pattez.	
—	1260	» Charlotte Richer.	
—	1261	Veuve Fr. Caron.	
—	1262	Nicolas Beauville.	
—	1263	Girandelle, jardinier.	

Rue des Faucons.		Jeu de battoir ou pré S. Thomas 3 fr. loyer.
(Puits du Faucon).	1264	Brou, jardinier.
(Pré S. Thomas).	1265	»
—	1266	MM. de Ville, par Morcrette, maison des Francs-Maçons, Duplaquet; Saugnier.

Rue	1267	Lelièvre par Dromard.
des Faucons.	1268	» Colbaux.

Rue	1269	Blondel.
au Cerf	1270	Carlier par Watin.
ou	1271	Frizé Obert.
Saint Thomas	1272	Philippot Cadet.
ou du	1273	Descamps.
Champ de Mars.	1274	Bidault par Mlle Cailleau.
—	1275	» Taconnet.
—	1276	Bleuse par Montfourny.
—	1277	Antoine Bleuse par veuve Liénard.
—	1278	Bleuse par Lacorne.

Rue	1279	Bleuse.
de la Grange	1280	»
Saint Laurent.	1281	Auguet, maçon.
—	1282	Hôtel-Dieu.
—	1283	»
—	1284	»
—		Maga-in à poudre.
—	1285 à 1288	Hôtel-Dieu.
—		La Grange. 40 fr. loyer.
—	1289	Aumône commune.
—	1290	»
—	1291	»
—	1292	Desains, ployeur.

Rue des Oiselets.	1293	Mouchy.
—	1294	»
—	1295	»

Rue		
de la Grange	1296	Darcourt par Volder.
Saint Laurent.	1297	Megret.

Rue	1298	Tordeux par Auguet.
au Cerf	1299	Dumoustier par Mlle Pluche.
ou	1300	Presbytère Saint-Thomas.
Saint Thomas.	1301	Lecomte, boucher.
—	1302	Veuve Darcourt.
—	1303	»
—	1304	Viéville, fils.
—	1305	Lecomte.
—	1306	J. Monoury par Petit.
—	1307	Fabrique Sainte Catherine par Mayeux.
—	1308	Debrissac.
—	1309	Chatelain.
—	1310	Debroy.
—	1311	Ozenfant par Gautier.
—	1312	Ozenfant.
Rue	1313	Presbytère Sainte Catherine.
Ste Catherine.	1314	Thomas par veuve Chevalier.
—	1315	Bardeau.
—	1316	Harlay par St Jean.
—	1317	Ozenfant par Lecaisne.
—	1318	Lebègue.
—		Remise à du Harlay.
—	1319	Gaucher.
—	1320	Desains, ployeur par Levent.
—	1321	Huet par Carlier.
—	1322	Cl. Clauet, mulquinier.
—	1323	Blondel par Mlles Dupont.
—	1324	» Lecaisne.
—	1325	Lepreux par Dacheux.
—	1326	Veuve Cambronne par Dubois.
(Puits Neuf).	1326	(*bis*) Eglise Sainte Catherine 50 fr. loyer.

Rue	1327	Tordeux, jardinier.
de l'Évêché.	1328	»
—	1329	Lecomte par Jeanne Dubois.
—	1330	Durlin par Lobjeois.

(Rue du Jardin ou Cimetière des Protestants).		Bourgeois.
—	1331	Ant. Crampin.
—	1332	»
—	1333	Bourgeois.
—	1334	Bleuse par Alex. Barbier.
—	1335	» Levent.
—	1336	Muyaux par Pied Noir.
—	1337	» Dubois.

Rue	1338	Debrissac par Michel.
Ste Catherine.	1339	Mennechet, ployeur.
—	1340	Debrissac, à l'Évêché.

Rue Brassette.	1341	Muyaux.

Rue	1342	Paulet.
au Cerf	1343	Fouquier, major.
ou	1344	Maillart.
Quartier	1345	Debrissac.
Saint Thomas.	1346	Pillon.
—	1347	Dumoutier.
—	1348	Poudartile.
—	1349	Bruslé.
—	1350	Le Sérurier.
—	1351	Fizeaux, maire.
—	1352	Lefèvre, courtier.
—	1353	» fils, courtier.
—	1354	Veuve Malfuson.

Rue	1355	Cottin, de Fontaine Notre Dame.
au Charbon	1356	Cottin.
ou	1357	Tilloy.
des Canonniers	1358	Fizeaux Desnoyers. Jolly.
ou de	1359	Grebert, menuisier.
la République.	1360	Fabrique Saint Martin par M. le Bailli.
—	1361	Arquebusiers ou Canonniers : 225 fr. loyer.
—	1362	Nouette. Serizy par Villoteaux.
—	1363	Fizeaux.
—	1364	Maroteau.
Rue	1365	Dhervilly.
du Fumier.	1366	Enfants Talbeaux.
—	1367	Lièvre par Bayeux.
—	1368	Aubriet par Hutin.
—	1369	Veuve Lefèvre.
—	1370	Thiéry, brasseur. Delaby.
—	1371	Bazin par Fortin.
—		Jardin et maison à Nicolas F. Cambronne.
—	1372	Bazin par Baudemont.
—	1373	Charles Bazin.
—	1374	Veuve Bayeux.
—	1375	»
—	1376	»
—	1377	Bazin.
—	1378	»
—	1379	Héritiers Talbeaux par Mallet.
—	1380	Bazin.
—	1381	Lefèvre par Dupont.
—	1382	» Tupignon.
—	1383	» Veuve Hallé.

Rue du Fumier.	1384	P. Pontruet par P. Creuzas. (Lefèvre).
—	1385	Abraham Cambronne.
—	1386	P. Ancelot.
—	1387	Adrien Racine.
—	1388	Lefèvre par Q. Leclerc.
—	1389	Philippot par Levasseur.
—	1390	Luzin, cordonnier.
—	1391	Veuve Lorain.
—	1392	Hôtel de Ville par Preux.
Rue des Glatiniers.	1393	Sébastien Roche.
	1394	» »
—	1395	Filles Ognier.
—	1396	Hurtrel par veuve Bardeaux.
—	1397	Hallot, ouvrier maçon.
—	1398	Veuve Bernier.
—	1399	Fromaget par Becquet (Paulet).
—	1400	P. Forget.
Rue des Bouloires.	1401 à 1407	Corroyer, jardinier.
	1408	Ozenfant par Divers.
—	1409	» Férou.
—	1409 (*bis*)	»
—	1410	» par Cambronne.
—	1411	» Veuve Prévost.
—	1412	Jorand par Dusaussois.
—	1413	Mlle Lepreux par Lenglet.
—	1414	» Denelle.
—	1415	» Bernier.
—	1416	» Mlle Ognier.
—	1417	Veuve Nustère.
—	1418	Lenain.
—	1419	Corroyer par Coutant.

Rue *de Glatigny.*	1420	Regnel, curé de Saint Martin, par Delaporte.
—	1421	Quetelet.
—	1422	Cailleau.
—	1423	Dupenty par Briquet.
—	1424	Ch. Leblanc.
—	1425	Labitte, curé de Saint André, par veuve Dachery.
—	1426	Veuve Souplet par Médart.
—	1427	Ch. Leblanc par La Grue.
—	1428	Maurice Balancé par Lamy.
—	1429	Héritiers Lepreux par Mlle Latrimouille.
—	1430	Sébastien Guébin par Desprez.
—	1431	» »
—	1432 à 1433	Marianne Martin.
—	1434	Regnel par Cailliet.
—	1435	» Plot.
—	1436	Chaulatte par Lacoutrée.
—	1437 à 1439	Lefebvre, cordonnier.
Rue *au Charbon* *ou* *(Puits de l'Arquebuse.)*	1440	Veuve Maillard.
	1441	Béguinage de Gobinet ou de Saint Martin. 20 fr. loyer.
	1442	Chaulatte.
des Canonniers	1443	Joly de Bameville.
ou de	1444	Fouquier Delanchy, notaire (Joly).
la République.	1445	» »
—	1446	Rondeau de la Mairerie.
—	1447	Debry, avocat.
—	1448	Desains, notaire. (Bou ; Martin[1] Langlantier ; Desains).

[1] *Père d'Henri Martin, Sénateur de l'Aisne.*

Rue	1449	Mlle Fromaget.
des Corroyeurs,	1450	Posset.
ou de	1451	Berton.
la Comédie	1452	Veuve Leleu par Nordinghe.
ou de Voltaire.	1453	Mégret.
—	1454	Maréchal.
—	1455	Veuve Rousseau. Bourguin.
—	1456	Leloup.
—	1457	Eloy Fouquier, notaire. (v. 1500).
—	1458	»
—	1459	Graux par M. Anne Sérizy.
—	1460	» »
—	1461	Dachery par Mlle Deroye.
—	1462	Cambronne.

Rue des Corroyeurs, ou de la Comédie ou de Voltaire.

Rue des Corroyeurs.

(Puits de l'Ave-Maria derrière l'hôtel d'Angleterre).

(Puits	1463	Pétrus par Barillier.
de l'Ave-Maria	1464	Gladieu, serrurier.
derrière l'hôtel		Halle aux poissons. Café.
d'Angleterre).		Comédie. 400 fr. loyer.
—	1465	J. Anceaume.
—	1466	Philippot.
—	1467	J. Sandre par David, maréchal.

Rue	1468	Mlle Lepreux.
des Faucilles ou	1469	P. Carré.
des Canonniers	1470	Fr. Denis Hachette.

Coin de la	1471	Raverdy, tailleur.
place à droite.	1472	Dubois Mangot ou Mégret.

Grande Place.	1473	L. P. Née.
—	1474	J. Sandre.
—	1475	Héron, perruquier.
—	1476	Th. Orcelle par Remy Lamy.
—	1477	Fr. Orcelle, « au Cornet d'Or. »
—	1478	Herbe, perruquier.

Grande Place.	1479	J. Lecomte.
—	1480	R. Th. Orcelle.
—	1481	Veuve Grébert.
—	1482	J. Leroux par Leroy.
—	1483	Petrus, notaire. (devant salle de spectacle).
—	1484	Choquart.
—	1485	Blanchart, tripier.
—	1486	Plomion.
—	1487	Dachery.
—	1488	Niquet, fripier.
—	1489	Veuve Corduant(à l'Ange content).
—	1490	Mlle Fournier.
—.	1491	» par Rohart.

Rue de	1492	» Capron.
la Boulangerie	1493	» Duhamel.
ou	1494	Museux, meunier, par Corduant.
Saint Martin.	1495	Dubois, perruquier.
—	1496	Mégret, fils.
—	1497	Josselin par Boutteville.
—	1498	Graux, épicier.
—	1499	Rohart, serrurier.
—	1500	Divers, tonnelier.
—		Eloy Fouquier, du n° 1458.
—	1501	Delaire par Rabouille.
—	1502	Hôtel Dieu par Lefèvre perruquier.
—	1503	» » Bocourt.
—	1504	Mademoiselle Regnault, par Magnier.
—		
—	1505	» » Pilloy.
—	1506	Henry, par veuve Blutte.
—	1507	Mégret, armurier.

Rue Saint-Martin.	1508	Commanderie d'Eterpigny, par Villemant.
—	1509	» » Fretet.
—	1510	» » Griffon.
—	1511	» » Leroy.
—	1512	» » Q. Degrave.
—	1513	» » Devailly.
—	1514	» » Mlles Maginot.

Rue Saint-Martin.

1509 » » Fretet.

1510 » » Griffon.

1511 » » Leroy.

1512 » » Q. Degrave.

1513 » » Devailly.

1514 » » Mlles Maginot.

1515 Carré.

1516 » par Desjardins.

1517 Dautrite, à la douane ancienne (Paulet).

(Puits S. Prix.) 1518 Coquinot, menuisier. Picard.

— 1519 Laruelle, tailleur.

— 1520 Chatelain, serrurier.

— 1521 Fr. Fouquier, par Tarrat.

— 1522 Regnel, par Odiaux.

— 1523 Lefèvre, tapissier.

— 1524 P. Luzin.

— 1525 »

— 1526 Veuve Orcelle.

— 1527 Josselin.

— 1528 Bayeux, par Bazin.

— 1529 Bayeux, par Dangu.

— 1530 Richet par la Chaussée.

— 1531 Cl. Carpentier, par veuve Lefèvre.

— 1532 Jorand.

— 1533 Ozenfant.

— 1534 Veuve Debry.

— 1535 Caron, taillandier.

— 1536 Les grands archers.

— 1537 Velut.

— 1538 Boutteville.

— 1539 J. B. Roger.

Rue	1540	Guilliard.
Saint-Martin.	1541	Veuve Piot.
—	1542	Piot, perruquier.
—	1543	J. B. Matoulet.
—	1544	»
—	1545	»

Rue	1546	Crampin, par Lecomte.
Rigaude.	1547	à 1550 J. B. Dollé.

Rue		*(Porte S. Martin.)*
S. Martin.	1551	Ant. Cuvilly.
—	1552	Couvreur, Rotier.

Rue	1553	L. Prevot.
des Chaudières.	1554	Veuve Loyer.
—	1555	Gaudinat.
—	1556	Mallet.
—	1557	Salet.
—	1558	Veuve Doux.
—	1559	Mégret par Coutant.
—	1560	Desportes dit Frisé. Pavé par Marguerite Fay.
—	1561	Legrand.
		(Magasin à poudre.)
(Puits Hotel-Dieu)	1562	Hôtel-Dieu.
—	1563	Cuvilly par La Caille.
—	1564	» Jacques.
—	1565	Mlle Chevalier, par Lefèvre.
—	1566	» »
—	1567	Desportes.
—	1568	Dames de l'Hôtel-Dieu.
—	1569	Presbytère »
—	1570	Fr. Dacheux.

Rue		Chapelle de l'Hôtel-Dieu.
S. Martin.		Remises »
—	1571	Vinchon, avocat.
—	1572	Presbytère S. Martin 240 fr. de loyer.
—	1573	Vicariat S. Martin par veuve Chatelain.
—	1574	Jacques Debail.
Rue	1575	Abbaye S. Prix par Duplessis.
S. Prix.		» Niquet.
		(Eglise S. Martin.)
—	1576	Moral.
—	1577	Colliette Mégret, avocat.
—	1578	Darcourt.
—	1579	Odiaux.
—	1580	Chédeville.
—	1581	Leroyer, par Picard.
—	1582	» « Au pot d'étain »
—	1583	Henry « Au Vert Muguet »
—	1584	Dubois, boutonnier.
—	1585	Orcelle, huissier.
—	1586	à 1587 Fr. Pelletier par Galland.
—	1588	Charlonniaux.
Rue	1589	Cosme-Allart. Vaillant.
Ste Marguerite	1590	Desains père.
ou	1591	Fabrique Sainte Marguerite par Mlle Dartois.
rue		
du Palais	1592	Carillon, procureur, Ancelet huissier, (v. n° 7.)
de Justice.		
—	1593	Desains fils, Reneufve.
—	1594	Lecaisne le jeune, procureur.
—	1595	Levasseur, procureur.

Rue Sainte-	1596	Le président Dorigny, Mme Damer-
Marguerite ou		val.
rue du Palais	1597	Veuve Thiessel. (Hourdequin).
de Justice.	1598	Presbytère Sainte Marguerite 250 fr. loyer.
—	1599	Delaporte, par Mlle Fontaine.
—	1600	Mauroy, avocat.
—	1601	Veuve Cagniart de Pommery, De- pardieu.
—	1602	Veuve L. Hanaud.
—	1603	Cailleau, mesureur.
—	1604	Adrien Pontruet.
—	1605	Camberlot par veuve Collart.
—	1606	Adrien Poutruet par Mlles Hau- sart.
—	1607	Farque (Nicolas.)
—	1608	Ant. Q. Farque.
(Petite rue des Capucines.)	1609	Les Capucines.
Petite rue	1610	Jacques Delvil, par Orcelle.
Saint Martin.	1611	Regnel par Cocu.
—	1612	» Cuvilly.
—	1613	» Lepère.
—	1614	Marlière par Gros.
—	1615	» Paringault.
—	1616	Fabrique Saint Martin par Paris.
—	1617	J. Desons.
—	1618	Maurice Legrand; par l'Etang.
—	1619	» » Ancelle.
—	1620	» » Veuve Tardieu.
—	1621	Ant. Talbaux.
—	1622	»
—	1623	Veuve Brenneva.

Petite rue	1624	Sainte Marguerite par Vinchon.
Saint-Martin.	1625	» Louis Devailly.
—	1626	» Santerre.
—	1627	» Darmentière.
—	1628	Carré, par Girardin.
—	1629	P. Carré, déchargeur.
—	1630	Regnel, par Rayer.
—	1631	Regnel, par Scellier.
—	1632	Lanchy, par Paget.
—	1633	J. Desons, par Aquaire.
—	1634	Nocque, déchargeur.
—	1635	Plangenet.
—	1636	Dumetz, déchargeur.
—	1637	Plangenet.
—	1638	Moutel.
—	1639	Sellet.
—	1640	Enfants Lelong, par Ledez.
—	1641	Veuve Compère, par veuve Lefebvre.
—	1642	Veuve Desons.
—	1643	Louis James, par Lis Brenneva.
—	1644	Piôt, tailleur d'habits.
—	1645	»
Rue	1646	L. Moret.
des Capucins.	1647	Marguerite Rayé.
—	1648	Gallois, par Samson.
—	1649	Bon Fouquier, par Alexis Daimé.
—	1650	Porne, par Guillemot.
—	1651	L. Moret, par Boniet.
—	1652	» Rollet.
—	1653	Jacques Mignot, par Cl. Carpentier.
—	1654	Héritiers Mignot, par Mignot.

Trou	1655	L. Moret, par Prévost.
à pourceaux	1656	Picard.
—	1657	Rousseau.
—	1658	Lecot.
—	1659	Veuve Delorme.
—	1660	Soileux.
—	1661	Hôtel Dieu, par Deffy,
—	1662	Veuve Lecot.
—	1663	Louise Lecaisne.
—	1664	Baudemont, par Gaudina.
—	1665	»
—	1666	Mayeux.
—	1667	Veuve Mignot.
Rue	1668	Caplat.
des Capucins.	1669	Dartois, lieutenant général, par Picard.
—	1670	Françoise Deverly.
—	1671	Roger, par Pageotte.
—	1672	Demorgny.
—	1673	Veuve Delaporte.
—	1674	Saget.
Vieux Marché	1675	Carpentier.
ou	1676	»
Place	1677	Président Dorigny.
des Capucins.	1678	Lobgeois.
—	1679	Barbeau, par Taconnet.
—	1680	Landa.
—	1681	Champagne.
—	1682	Gellé.
—	1683	Mme Féra, par Bien Aimé.
Rue des	1684	Lacaille.
Arbalétriers.	1685	Veuve Delaporte, par Cadet.

Rue des	1686	Monoury, par veuve Pelletier.
Arbalétriers.	1687	Maurice Lebeau.
—	1688	Cécile Cuvilly.
—	1689	Gellé par Berton.
—	1690	Barbeaux.
—	1691	Lobgeois.
—	1692	Henry Pillon.
—	1693	Marchandier.
—	1694	Pillon.
—	1695	Jacques Mignot.
—	1696	Doublet.
—	1697	Lepreux.
—	1698	»
—	1699	Target, tisserand.
—	1700	Carpentier.
—	1701	Salomon par veuve Prévost.
(*Puits Malbrasse*	1702	Mad. D'hôtel.
115 p. *de profon-*	1703	Vinchon.
deur.)	1704	Lobgeois par Potentier.
—	1705	Veuve Cailleau.
—	1706	Lobgeois par Mlle Coutelot.
—	1707	Veuve Nocque.
—	1708	» »
—	1709	Veuve Lobbé.
—	1710	Lobgeois par Bèze.
—	1711	Champagne par Villoteaux.
—	1712	Noël Delaporte.
—	1713	Bachelet.
—	1714	Veuve Grandin.
—	1715	Champagne.
—	1716	Coutant.
—	1717	Monoury par Lachaussée.
—	1718	»

Rue Richelieu. 1719 Nicolas Thomas.

Rue	1720	»	Riquet.
des Bordeaux	1721	»	»
ou	1722	Pelletier par Saint Léger.	
des Bouchers.	1723	Veuve Parisis.	
—	1724	Rousseau.	
—	1725	Lepreux fils.	
—	1726	»	
—	1727	»	par Dubourg.
—	1728	»	» Adrien Riquet.
—	1729	»	» Coquinot.
—	1730	»	» J. Herbaux.
—	1731	Q. Tancourt.	
—	1732	Philippe Goudry.	
—	1733	Veuve Baudemont.	
—	1734	Veuve Lagache.	
—	1735	»	
—	1736	Fournier.	
—	1737	Ch. Henry Mignot.	
—	1738	Moriaux.	
—	1739	Farque par Fauchet.	
—	1740	Dormay.	
—	1741	L. James.	
—	1742	Roger.	

(*Vieux marché* 1743 Maillard par Ravin.
ou
place des Capucins.)

Rue 1744 Abbaye de Fervacques, 1500 fr.
du petit Origny.   loyer.

Rue 1745 Eglise Sainte Marguerite, 260 fr.
Ste-Marguerite.   loyer.
— 1745 (*bis*) Ribaux, serrurier.

Rue Sainte-	1746	Dartois, avocat du Roy.
Marguerite.	1747	Veuve Compère.
—	1748	Bon Fr. Fouquier, procureur.
—	1749	Bocquillon par Mˡˡᵉ Dorigny.
—	1750	Maquinet, tapissier.
—	1751	François, menuisier.
—	1752	Delaporte « au petit Saint-Quentin. »
—	1753	Duflot, vitrier.
—	1754	Fournier.
—	1755	David, confiseur.
—	1756	Cocagne.
—	1757	Veuve Lagnier, Cadot « Au Cygne. »
—	1758	Veuve Cocagne.
—	1759	Veuve Wattre, serrurier.
—	1760	Veuve Cocagne.
—	1761	Turmigny.
—	1762	Cambronne par Nofiaux.
—	1763	»　　Cadet.
—	1764	»　　Liénard.
—	1765	»　　Page.
—	1766	»　　Rigault.
—	1767	Veuve Duhamel.
—	1768	Duflot.
—	1769	Caron par Goyette.
—	1770	Veuve Labitte.
—	1770	(*bis*) Grange à M. Colliette.
—	1771	Chevrier, perruquier.
—	1772	L. Mauroy.
—	1773	Veuve Labitte.
—	1774	»　　　　par Delatte
—	1775	Veuve Henry.
—	1776	Colliette.

Rue Sainte-Marguerite.	1777 Colliette par Saint-Michel, apothicaire.
—	1778 Veuve Labitte par Mᶫˡᵉ Violette.
—	1779 Mᶫˡᵉ Watier.
—	1780 Hénique, épicier.

FAUBOURG D'ISLE

Premier faubourg Chaussée.	1 Buerie d'Ostende par Redaix, Chatelain, Rigault, etc.
	2 Le Chapitre : Moulins Becqueret par Malisset.
—	3 Desenne, teinturier.
—	4 » par Genin.
—	5 Fabrique Saint Eloy, par J. Clerc et L. Lotineaux.
—	6 Fouquier Delanchy par Ch. Dassonville.
—	7 Veuve Féra par Fr. de France.
—	8 Veuve Ch. Legrand.
—	9 » J. Legrand.
—	10 Abbaye d'Isle. Etang et maison par Dufresnoy.
—	11 Louis Frison.
—	12 Enfants Havet par Ch. Ferain.
—	13 Levasseur procureur, par Imbert Flament.
—	14 L. Touilliet et autres.
—	15 Desenne.
—	16 »
—	17 Jorand de la Picardie.
—	18 Desenne par Adrien Bocourt.
—	19 J. B. Gourdain.
—	20 Veuve Féra par Noteaux.

Grand	21	Deguivre, tanneur : Floquet.
faubourg	22	Caron, taillandier.
Chaussée.	23	Enfants Gourdain.
—	24	P. Henry Meresse.
—	25	J. B. Vitté (épicier au coin de la rue de la Fontaine.)
—	26	» par Alex. Lefebvre.
—	27	Couillard père.
—	28	Peuilliart par Piat.
—	29	Muller par J. B. Taisne.
—	30	M. Anne Lotineaux.
—	31	Devillers, mégissier.
—	32	Maroteau.
—	33	Toussaint Corbeau.
—	34	P. Charlet.
—	35	Jacques Orcelle, mégissier.
—	36	Coquet.
—	37	J. P. Leseille.
—	38	Fageot.
—	39	P. Alexis Barbier.
—	40	Lamory père par Devigne.
—	41	Huiaut.
—	42	J. J. Gris par veuve Morel.
—	43	Veuve Racine.
—	44	Les Cordelières, par veuve Bachelet.
—	45	Calix.
—	46	»
—	47	Roch. Tasset.
—	48	J. P. Richez.
—	49	Ch. Garnier.
Chaussée	50	J. Diot.
de Guise.	51	Legrand.

Chaussée de Guise.		L'Angout-Mortier, ancienne porte, aujourd'hui sous terre.
—	52	Etienne Vermand.
—	53	J. Crépy par Rigault.
Chaussée de la Fère.	54	Veuve Poilmeuz par Magd. Duchesne.
—	55	»　　(Le Soleil.)
—	56	J. L. Hussart.
—	57	J. B. Peuillard et le moulin.
—	58	Jérôme Collet
—	59	L. Museux et le moulin.
—	60	P. L. Fontaine par André Taisne.
—	61	Veuve Villemant par Denisart.
—	62	Ambroise Fontaine.
—	63	Claude Doize.
—	64	Veuve Marquette par veuve Bocourt.
—	65	»　　Taisne.
—	66	Charles Babilotte.
—	67	»
Rue Mayeure.	68	J. Piot.
	69	Nicolas Couillart.
—	70	Feuilloy.
—	71	Cl. Devillers.
—	72	Denis Duparque.
—	73	Veuve Corbeaux.
—	74	Tasset.
—	75	Denis Duparque par L. Richet.
—	76	L. Boulanger.
—	77	Pourrier par Math. Devillé.
—	78	Minette.
—	79	Valentin Magnier.

Rue Mayeure.	80	Veuve Fr. Dejoye.
—	81	»
—	82	P. Delorme.
—	83	Querelle.
—	84	Pourrier.
—	85	Jérôme Minette par Diseau.
—	86	»　　　»
—	87	M. Anne Choquart.
—	88	J. L. Braillon.
—	89	Ambroise Duchesne.
—	90	»
—	91	Veuve Comte Debas.
—	92	Dercheux.
—	93	Caron, taillandier.
—	94	Templeux.
—	95	Etienne Villemain.
—	96	J. L. Pourrier.
—	97	Remi Deschamps.
—	98	Vinchon par P. L. Froy.
—	99	Vinchon par L. J. Balais.
—	100	»　　Nicolas Balais et Lemaire.
—	101	Fizeaux, Burie des isleaux.
—		Eglise S. Eloy. 250 fr. de loyer.
—	102	Fr. Warlot.
—	103	Eloi Lelong.
—	104	L. Milant.
—	105	Fr. Faucheux.
—	106	Q. Couvreaux.
—	107	Jacques Dupuits.
—	108	J. Ch. Falentin.
—	109	Broque.
—	110	L. L. Poilmeuz.
—	111	Trefcon.
—	112	Lamouret, père, par Babilotte.

Rue Mayeure.	113	J. B. Pirais.
—	114	P. Cottin.
—	115	Jacques Frison.
—	116	» » par L. Bégue.
—	117	Lamontier.
—	118	Veuve Vialle par Ambroise Lalorest
—	119	» »
—	120	J. Braillon, père.
—	121	Brancourt.
—	122	Vinchon.
—	123	» par P. Morel.
—	124	Dautrive par Marguerite Prulhot et P. Buronfosse.
—	125	P. Duchesne.
—	126	» par Lecomte.
—	127	»
—	128	Catherine Dubœuf par Maurice Dequet.
—	129	Fabrique S. Eloy par L. Hagonbart.
—	130	Jérôme Minette.
—	131	Presbytère S. Eloy.
—	132	J. B. Coquart.
—	133	P. Lanoüe.
—	134	Scholastique Lemairé par Corbois.
—	135	Fr. Quanoine.
—	136	Veuve Jacques Frison.
—	137	Veuve J. Cazé.
—	138	L. Jérôme Demany.
—	139	Cl. Dubois.
—	140	Jorand par L. Gautier.
—	141	J. Gautier par Antoine Deversin.
—	142	Fr. Buiron.

Rue Mayeure.	143	Etienne Graux.
—	144	Athanase Diot.
—	145	P. Charles par veuve David.
—	146	Fr. Moreau.
—	147	Ant. Boulmé.
—	148	L. Frison par Haynault.
—	149	»
—	150	Broyart, curé de S. Eloy. par la maîtresse d'école.
—	150	(*bis*) Grange à Dautrivé.
Grand	151	Math. Prulhot
fauboury	152	J. Lesourd.
Chaussée.	153	Jacques Saget.
—	154	Veuve Lemaire.
—	155	Artus Vinchon par Hécart.
—	156	» Cressin.
—	157	L. Obert.
—	158	Déclincourt.
—	159	Devarenne.
—	160	Dautrive.

Le marais, 60 fr. de loyer.

Prez Dabancourt, 180 fr. de loyer.

Canal de Morcourt à Oestre, 4008 fr. de loyer.

FAUBOURG SAINT-JEAN.

Chaussée	1	Fégueux Dollé.
de Cambrai	2	Guichart, journalier.
(*Puits de la Bouteille.*)	3	Labergris « A la bouteille »
—	4	»
(*Derrière la*	5	Thiesset par M. Jean Dennequin.
Bouteille)	6	L. Watin.

Chaussée	7	Poiret par P. Petit.
de Cambrai	8	Bruet.
—	9	Reine Corbeaux.
—	10	Nicolas Thévenard.
—	11	Ch. Thévenard.
Rue	12	C. Delaporte.
(*Puits*	13	J. B. Morcrette.
d'Enfer.	14	» Colbois.
(*Florimont*)	15	Cl. Delaporte.
—	16	P. Morcrette.
—	17	Fr. Dey.
—	18	Q. Morcrette.
—	19	L. Brennelet.
—	20	L. Carlier.
—	21	P. Dencre.
—	22	J. Hénocque.
—	23	Th. Féra.
—	24	Chaude Letot, berger.
—	25	Cl. Flament.
—	26	Ph. Deligny par Flament.
—	27	Denis Derobais.
—	28	Veuve Flament.
—	29	Ant. Brennelet.
—	30	Marg. Duflot.
—	31	Martin Montfourny par Boudeau.
—	32	Cl. Vinchon.
—	33	Martin Montfourny.
—	34	Veuve Becheux.
—	35	Jacques Buiron.
—	36	Ant. Brennelet.
—	37	»
—	38	Enfants Adrien Dollé.
—	39	à 40 Cl. Gosset.

Rue d'Enfer.	41	L. Montigny.
—	42	Martin Quanoine.
—	43	Denis Robert par Mme Bocheux.
—	44	» M. Anne Menesson.
—	45	P. Tordeux.
—	46	Cl. Marchandier.
—	47	P. Marc Pelletier.
—	48	Marichet par Marchandier.
—	49	» Latournade.
—	50	J. Roche.

Chaussée de Cambrai.	51	Luzin.
	52	Martin Quanoine.
—	53	Veuve Dermaugy.
—	54	»
—	55	Sébastien Roche.
—	56	Etienne Joube, et autres.
—	57	J. B. Dormant.
—	58	Médard Quanoine.
—	59	Alexis Montigny par Nocque.
—	60	»
—	61	Cl. Denizart.
—	62	Cl. Deville.
—	63	Veuve L^{is} Létot.
—	64	Catherine Lemaire.
—	65	Marc Lengignion père.
—	66	Quanoine.
—	67	Marc Lengignion père.
—	68	»
—	69	Mariole.
—	70	J. Vinchon.
—	71	Dubois par Gouin.
—	72	J. Vinchon.
—	73	Denis Robert.

6

Chaussée	74	Martin Deliez.
de Cambrai.	75	Jacques Dermaugy.
—	76	Gabriel Santin.
—	77	J. Lenglet.
—	78	Martin Dathy.
—	79	à 80 P. Tordeux.
—	81	Cl. Bazin.
—	82	Alexandre Ravin.
—	83	Cl. Montfourny.
—	84	Etienne Montfourny.
—	85	Veuve Jacques Vinchon par Denis Tordeux.
—	86	Ant. Boursier.
—	87	» » fils.
—	88	J. Leplain.
—	89	J. B. Santin.
—	90	Guichart, jardinier.
—	91	Henry Bazin.
—	92	Adrien Létot.
—	93	Ph. Gosset.
—	94	Jacques Bourguignon par Nicolas Colpin.
—	95	J. Lefèvre.
—	96	M. Anne Censier.
—	97	Ant. Demare.
—	98	J. Fauchet.
—	99	Cl. Delporte.
—	100	Adrien Létot, fils.
Rue	101	L. Lefèvre.
de Montplaisir.	102	Denis Tordeux.
ou	103	Poulet, à Montplaisir.
des jardinages.	104	Veuve P. Richer par L. Fauchet
(Détruite.)	105	«

Rue de   106 J. Lenglet.

(Puits des jardinages de (Bélédin.)

Montplaisir ou   107 Ant. Dermaugy.
des jardinages. 108 L. Delaporte.
   (Détruite.)   109 J. B. Santin fils.

Chaussée   110 Ch. Bédu.
de Cambrai. 111 Ant. Bélédin.
  Cépy.   112 J. Ravin.
    —   113 Letourneaux, menuisier.
    —   114 Coutte, maison du moulin.
    —   115 Le Chapitre, par Aug. Coutte.
    —   116   »   Cailleaux.

Chaussée   117 Veuve Thévenart.
de Cambrai. 118 Simon Petit.
 (Puits de   119 Ch. Dolhent.
l'Entremeuse) 120 P. Bouard.
    —   121 M. Anne Alavoisne, par Veuve Couleau.
    —   122 L. Dollé.
    —   123 Rouillon, par L. Guichart.
    —   124 Cl. Cailleau.
    —   125 Denis Lepère.
    —   126 Adrien Létot, berger.
    —   127 Toussaint Baude.
    —   128 Ch. Denis Cailleaux.
    —   129 Elisabeth Corbeaux.
    —   130 J. Watin.
    —   131 P. Cailleaux.
    —   132 Françoise Létot.
    —   133 Veuve Mariole.

Chaussée	134	Ant. Santin.
de Cambrai.	135	Ch. Vinchon.
(L'abreuvoir.)	136	Ch. Cocu.
—	137	P. Broquette.
—	138	J. Montfourny.
—	139	J. Létot.
—	140	Veuve Langinion.
—	141	L. Watin, par Denizart.
—	142	Veuve Roche.
—	143	à 144 Veuve Lemaire.
—	145	Guichart par Druide.
—	146	Veuve Fageot.
—	147	Denis, Poète.
—	148	Rose, Poète.
—	149	Veuve Loncle.
—	150	Cte de Cépy par Manceau.
—	151	Veuve Bardeaux.
—	152	Cte de Cépy par sa mère. (Fermes de Cépy.)
—	153	Martin Lengignion.
—	154	J. Féra.
—	155	J. Gardier. Poste aux chevaux.
—	156	Ch. Bazin, par Lesage.
Chaussée	157	» Veuve Prévost.
du Cateau.	158	Dolhent.
Ruelle	159	J. Colbois, tisserand.
de l'Entremeuse	160	J. Delmaire.
—	161	Anne Bélédin.
—	162	Ant. Hutin.
—	163	Veuve Ch. Tordeux.
—	164	L. Fauchet.
—	165	Veuve P. Quanoine.

Chaussée du	166	J. Fauchet, par Marc Prévost.
Cateau.	167	Léger Denizart.
—	168	Veuve Morean.
—	169	L. Hombert.
—	170	Dupont, huissier, par Ant. Emery.
—	171	Moriaux.
—	172	P. de Vauchelles.
—	173	P. Lenglet.
—	174	P. Delacour.
—	175	Veuve Chevrin.
—	176	Rondeau « Aux Quatre Fils Ay-mon. »
—	177	Cl. Thévenant.
—	178	Etienne Dermaugy.
—	179.	»
—	180	M. A. Caulier.
—	181	Remi Caulier.
—	182	Bardeau et son moulin.
—	183	Bezin.
(Ruelle Mulot.)	184	L. Vinchon.
—	185	Cl. Pontruet.
—	186	Barbe Mauriaux.
—	187	Ch. Bazin.
—	188	Doyen, par Beaulieu.
(Ruelle Mulot.)	189	Fr. Coutle.
—	190	»
—	191	Q. Suterre et son moulin.
—	192	Fabrique S. André, par Lefranc.
—	193	Bouré et son moulin.
—	194	Museux et son moulin, par Ca-baye.
—	195	P. Regnault.
—	196	Fr. Frison.

6*

(Cimetière.)	197	Q. Leuglet.
—	198	Ch. Thévenart.
—	199	J. Dermaugy.
—	200	J. Thévenart.
—	201	J. Racine, laboureur.
(Chemin	202	Ch. Dermaugy et son moulin.
de Remicourt)	203	J. Ponthieux.
—	204	Ant. Montigny.
—	205	P. Alavoisne.
—	206	Montfourny.
—	207	Henry Chamberlin.
—	208	Henry Cagnard, par Laurent Urier.
—	209	Veuve Lécuyer.
—	210	Ch. L. Vinchon.
(Chemin	211	J. Sauvet et son moulin.
du Moulin Bruslé)		
Hameau	212	Bridoux, par Eloy, pelletier.
de Remicour.	213	J. B. Dermaugy.
—	214	Auguet.
—	215	Nicolas Boucher.
—	216	Richart.
—	217	La Caille.
—	218	J. Viéville.
—	219	Toussaint Flament.
—	220	P. du Bouton.
—	221	Querette.
—	222	P. Ravin.
—	223	Q. Lenglet et son moulin.
—	224	Veuve Gamache. Ferme de Saint Claude.
—	225	Veuve Lenglet.

FAUBOURG SAINT-MARTIN ET OESTRE.

Eglise S. Nicaise. (30 fr. de loyer.)

Faubourg	1	L. Lequieu.
Saint-Nicaise.	2	Martin Hombert.
—	3	Veuve Morest.
—	4	Veuve Vicaire.
—	5	»
—	6	P. Montel, par Adrien Baude.
—	7	Anne Garand, par Jacques Delo-rois.
—	8	» Ph. Quetelet.
—	9	Veuve J. Viéville.
—	10	P. Montel, par Odive Obert.
—	11	Rémie Montel, Veuve Dufour.
—	12	Létot, Jardinier.
—	13	Reuta, par Fr. Bailly.
—	14	» Treille.
—	15	» Grandin.
Chaussée de	16	Adrien Allain.
Paris.	17	Veuve Vicaire, par L. Passeron.
—	18	Fr. Priez.
—	19	Veuve Gremet.
—	20	J. François, bourrelier.
Chemin du	21	Veuve Vicaire, de S. Prix.
Canal	22	Fromaget, Buerie, Dupuis.
—	23	Q. Cartigny.
—	24	P. Prévost, garde-port, par Q. Bobeuf.
—	25	» Veuve Labergris.
—	26	»
—	27	Fromaget à la Buerie Dupuis.

Chaussée de Paris.	28	Le canal, par Prévost, Happe, garde.
—	29	Vicaire, ferme S. Prix. et Chapelle.
—	30	Veuve Dumetz.
—	31	Veuve Honoré Caron.
—	32	Maxime Obert.
—	33	Cl. Crapet.
—	34	Veuve Carlier.
—	35	P. Julien.
—	36	Veuve Doyen.
—	37	P. Pluche, père.
—	38	» fils.
—	39	Veuve Pentier..
Hameau de Rocourt.	40	J. Tordeux, jardinier.
—	41	Fr. Létot.
—	42	Cl. Boulmé.
—	43	Cie. Baurain, par Arnold.
—	44	J. Galet.
—	45	Fr. Courrier.
—	46	Fr. Hénoc, par Proye.
—	47	»
—	48	Veuve Gabriel Lenglet.
—	49	Dermiont, berger.
—	50	Quentin Graux.
—	51	Moulin de S. Prix, par Cabaye.
Hameau de Oestre.	52	Desjardins, par Detaire.
	53	Dauterive, le moulin.
—	54	Veuve Pezet.
—	55	Dauterive, buerie.
—	56	Les Chapelains, par Montfourny.
—	57	Dauterive.

Hameau de	58	P. Moreau.
Oestre.	59	» par Legrand.
—	60	Veuve Lecomte.
—	61	L. Ruet.
—	62	J. Carpentier.
—	63	Etienne Baudelot par Laurent Lemaire.
—	64	»
—	65	Veuve Loyer.
—	66	J. Couillard.
—	67	L. Pacoux.
—	68	Ch. Hacher.
—	69	Q. Boulmé, laboureur.
—	70	Buiron.
—	71	Hachet.
—	72	Veuve Cl. Patte.
—	73	Théodore, par Pacoux.
—	74	J. L. Pinguet.
—	75	Ch. Ant. Prévost.
—	76	Sébastien Trépaut.
—	77	Véronique Duparquet.
—	78	J. J. Fouquier.
—	79	P. Deramisse.
—	80	André Baudelot.
—	81	L. Dathy.
—	82	Vincent Villain.
—	83	J. Lesourd.
—		(Eglise, 17 fr. de loyer).
—	84	Ant. Brunet.
—	85	Alexis Lertourné.
—	86	»
—	87	Cl. Pouce.
—	88	Jacques Boulmé.
—	89	Nicolas Lefèvre.

Hameau de	90	Henri Julien.
Oestre.	91	J. Saget.
—	92	Dauterive.
—	93	»
—	94	Roche Baudelot.
—	95	Veuve Druin.
—	96	Baudelot
—	97	J. B. Jansené.
—	98	Veuve Gosset.
—	99	J. Ch. Gosset.
—	100	P. Lemaire.
—	101	Veuve Lesourd.
—	102	Vinchon.
—	103	J. L. Baudelot.
Chaussée	104	Vicaire, par Veuve Mallet.
de Paris.	105	Veuve Agisson.
—	106	Guislain Prévost.
—	107	Jacques Lepère, par J. Pacoux.
—	108	Jacques Vaillant.
—	109	P. Martin, par Bruet.
—	110	Péqueux.
—	111	Veuve P. François.
—	112	Duplaquet par Sonnet..
—	113	Veuve Dorigny, par Vicaire.
Chaussée	114	Dorigny, maréchal.
de Péronne.	115	Q. Bailly.
—	116	Jacques Lepère, berger.
—	117	Veuve Julles.
(La Chasse.)	118	Delacroix.
Chaussée	119	L. Graux.
de Nesle.	120	Betfort, père.

Rue S. Phal.	121	Delanchy de S.-Phal.
Chaussée de Péronne.	122	Cl. Vinchon. (Martin Lafontaine), laboureur.
Rue de Bagatelle.	123	Cl. Lievra.
	124	Enfants Nocque.
—	125	La Jacquette par Duplaquet.
—	126	Treille, jardinier.
Faubourg de Ponthoille.	127	Veuve Bobeuf.
	128	P. Milliet.
—	129	»
—	130	Q. Milliet.
—	131	Dejoye.
—	132	Veuve Feuilloy.
—	133	J. Genain.
Rue de Bagatelle.	134	Eloy Boulanger.
	135	P. Boitel.
Rue de la Chapelle.	136	Toussaint Auguet, par Hérang.
	137	à 138 Nicolas Giaux.
—	139	Hermitage de Notre-Dame d'E-pargne-Maillé. (Chapelle.)
Faubourg de Ponthoille.	140	Nicolas Colle.
	141	»
	142	Dejoye.
—	143	J. Baudry.
—	144	Veuve Personnier par Bouré.
—	145	Héritiers Hombert.
(Ruelle.)	146	J. B. Quersonnier.
—	147	»

Faubourg	148	Desplanquers par Debail.
de	149	Sébastine Divers.
Ponthoille	150	Veuve d'Hivers.
—	151	Veuve Lestourneaux « A la pomme rouge. »
—	152	»
(Bagatelle.)	153	Q. Fouquier par Namur.
—	154	J. Bail.
—	155 à 158	J. Cormont.

Rue	159	Ch. Quanoine.
de Bagatelle.	160	J. Cormont.
Faubourg	161	Pierront.
S. Martin.	162	Q. Lefèvre.

Rue	163	Héritiers Caron.
de Bagatelle.	164	Veuve Bruet.
Chaussée	165	Jules Carlier.
de	166	Q. Bailly.
Péronne.	167	J. Carlier, (en ruine.)
—	168	»
	169	Mlle Mallet. Id.

Chaussée	170	Commanderie de Saint Lazare, par P. Martin.
de Paris.		Moulin à eau : Lavage ou Burie.
		Bastions, glacis, eaux, pépi-nière. 10180 fr., loyer.
		Remparts, corps de garde, ma-gasins. 2200 fr., loyer.
		Places et rues, 50 septiers de terre. 50 fr., loyer.
		Tout le terroir contient 334 ares, terre et eau, et maison de garde canal.

CHAPITRE VI

NOUVEAUX NOMS DONNÉS A CERTAINES RUES DE
SAINT-QUENTIN (AN VIII)

La Place.	Place de la Loi.
Rue S. Jacques.	Rue de la Loi.
» Ste Marguerite.	» du Club.
Place des Capucins.	Place du Club.
Rue » »	Rue des Bonnets-Rouges.
Petite rue S. Martin.	» Rousseau
Rue S. Martin.	» de Paris.
Porte »	Porte »
Rue Ste Catherine.	Rue Malfuson.
» Ste Anne.	Beaurepaire.
» Ste Pécinne.	Nationale.
» du Gouvernement.	Rue de la Révolution.
» d'Isle.	» de Thionville.
Porte »	Porte »
Rue des Jacobins.	Rue de la Marseillaise.
Place de Cépy.	Place de la Marseillaise.
» S. Louis.	» Carmagnole.

7

Rue des Canonniers.
» S. Thomas.
» des Cordelières.
Place Campions.
Rue S. André.
Petite place S. Quentin.
Cul de sac S. André.
Rue S. Jean.
Porte »
Rue des Corroyeurs.
» du moine de Beauvais.
Place S. Nicolas.
Rue du cimetière N.-D.
» des Cordeliers.
» du petit Origny.
» de l'Official.
» de Tugny.

Rue de la République.
» du Champ de Mars.
» des Patriotes.
Place »
Rue de l'Egalité.
Place »
Cul de sac »
Rue Lilloise.
Porte »
Rue Voltaire,
» de la Réforme.
Place de Gouvion.
Petite rue du district.
Rue Rousselot.
» des droits de l'homme.
» Dessilles.
» De la Tour.

CHAPITRE VII

ANCIENNES ENSEIGNES DE LA VILLE DE SAINT-QUENTIN

1.° *La Clef.*

A Ch. Guillaume, M° des Eaux et Forêts.
D'une lisière au marché à volailles.
D'autre à Victorice Drohart ;
Par derrière à la rue du petit Butin ;
Et par devant à la place.

2° *Saint Nicolas.*

A Guillaume Gallois, notaire.
D'une lisière à Philippe Raison ;
D'autre à la boucherie ;
Par derrière à la rue des Cohens,
Par devant à la place.
Grand'place n° 3.

3° *L'Epée.*

A J. Charpentier, marchand-drapier.

D'une lisière à Philippe Raison
D'autre à Ch. d'Achery ;
Par derrière à la rue des Cohens ;
Et par devant à la place.
Grand'place n° 5.

4° *Le Croissant.*

A Cyprien Bouthillier.
D'une lisière à Fr. Margerin
D'autre à Cl d'Achery ;
Par derrière à la rue des Cohens ;
Et par devant à la place.

5° *L'homme d'armes.*

A L. J. Ambroise Galloude, marchand.
D'une lisière à J. d'Achery ;
D'autre à Mlle Margerin, ci-devant à Bouthillier ;
Par derrière à la rue des Cohens.
Et par devant à la place.

6° *Le signe de la croix.*

A Montain Martin, marchand.
D'une lisière à « la lune d'argent ; »
D'autre à L. Fouquier, marchand ;
Par derrière au cul de sac de l'Orfévrerie ;
Et par devant à la place.
Grand'place n° 12.

7° *La lune d'argent.*

A Fr. Gambier, chapelier.
D'une lisière à P. J. Deulin ;
D'autre à Montain Martin, marchand ;

Par derrière au cul de sac de l'Orfévrerie ;
Et par devant à la place.
Grand'place n° 13.

8° *L'Agneau-Paschal.*

A P. J. Deulin.
D'une lisière à la rue de l'Orfévrerie, dont elle fait
  l'un des coins ainsi que de la place.
D'autre à Fr. Gambier, chapelier ;
Par derrière à Georges Savouret ;
Et par devant à la place.
Grand'place n° 14.

9° *Le Grand Griffon.* [1]

D'une lisière à la rue de la Poterie ;
D'autre à Guillaume, orfèvre
Par derrière Nicolas Cambronne,
Et par devant à la place.
Grand'place n° 21.

10° et 11° *Le Bassinet et la Perruque.*

Le Bassinet et à Cl. Douchet,
La Perruque à Guillaume, orfèvre.
D'une lisière à Nicolas Cambronne ;
D'autre au grand Griffon ;
Par derrière au jardin dudit ;
Et par devant à la place.
(Un Guillaume, orfèvre, habitait grand'place n° 22).

12° *La Viguette.*

A Dubois, ci-devant L. Maugot, mercier.

[1] *Librairie Doloy, auparavant maison de M. Bisson-Bourdet.*

D'une lisière à la rue des Faucilles dont elle fait
l'un des coins, ainsi que de la grand'place.
D'autre à Legrand, ci-devant Fr. Lagnier ;
D'un bout à L. Nicolas Marcassin et par devant à
la place.
Grand'place n° 27, aujourd'hui occupée par un boulanger.

13° *L'ours.*

A Nicolas Gallois, marchand.
D'une lisière à la veuve Denelle ;
D'autre à Legrand, ci-devant Laguier ;
Par derrière à la rue des Corroyeurs ;
Et par devant à la place.

14° *L'Aigle Noir.*

A J. Vinchon, ci-devant Cl. Orcelle.
D'une lisière au « Lion Noir ; »
D'autre à veuve Denelle ;
Par derrière à Florent Mauroy ;
Et par devant à la place.

15° *Le Lion Noir.*

A Cl. Louis Bellet.
D'une lisière à l'hôtellerie de « l'Aigle Noir ; »
Par derrière à la rue des Corroyeurs
Et par devant à la Grand'place, probablement en-
clavée dans les *Trois poissons. Maison de l'Ange.*
Cornet d'Or.

16° *Le Chapeau Rouge.*

A Cl. Couillette, fripier.
D'une lisière à L. Allart, marchand ;

D'autre à Fr. Plomiou, médecin ;
Par derrière à la rue des Corroyeurs ;
Et par devant à la place.

17° *La Cloche.*

A M. Ther. Leclerc.
D'une lisière à Marcel Figneaux, ci-devant Bonny.
D'autre à Mathieu Sallet ci-devant J. Prévost,
Par derrière au jardin de Dauchel [1], ci-devant Jacques Bruslé ;
Par devant à la rue Croix Belle-Porte n° 1.

18° *Les Trois Pigeons.*

A J. Godard.
D'une lisière à Alphonse Compère ;
D'autre à P. Fouquier ;
Par derrière à Fr. Chartron,
Et par devant à la rue Croix Belle-Porte.

19° *Le Collier d'Or.*

A Barbe Dollé, veuve Monne.
D'une lisière à Aut. Graux.
D'autre à Desavennelles.
Par derrière à Cl. Sellier,
Et par devant à la rue Croix Belle-Porte.

20° *Le foulon.*

A Payen au lieu de Dauchet.
D'une lisière à Louis Langlantier.
D'autre à Benny, ci-devant Deslandes ;
Par derrière à plusieurs.

[1] Aujourd'hui Desprez, rue Croix Belle Porte, n° 1.

Et par devant à la rue Croix Belle-Porte.

21° *Louis Langlantier.*

D'une lisière à Payen, ci-devant Mlle Lecomte.
D'autres à Nicolas Villain.
Par derrière à Cl. Sellier.
Et par devant à la rue Croix Belle-Porte.
Cette maison a appartenu à J. Dachery, à cause de
  sa femme, ainsi que « le Mouton noir, » rue
  Croix Belle-Porte.
Ce surcens a été donné à l'hôpital Saint Jacques
  par Mlle Bouchet, veuve de Jean Leguay, le
  23 novembre 1580.

22° *Le fer à cheval.*

A Henri Pierre Dumont.
D'une lisière à la veuve Sébastien Roussel,
D'autre au chapitre, ci-devant veuve Louguet.
D'un bout par derrière à Dauchet,
Et par devant à la rue Croix Belle-Porte.

23° *Le petit cerf.*

Divisé en deux dont une partie appartient à P. Fr.
  Graux, et l'autre à P. Desavenelles.
D'une lisière à veuve Monne ;
D'autre à Touchon, ci-devant Eloi Charlet.
Par derrière à Cl. Sellier,
Et par devant à la rue Croix Belle-Porte.

24° *La croix de fer.*

A J. Blondel, d'une lisière à P. Lefèvre.
D'autre à la rue Belle-Porte ou Saint Jean, dont
  elle fait le coin, d'un bout ;

Par derrière à J. Boucourt,
Et par devant à la rue Croix Belle-Porte.
Rue Croix Belle-Porte n° 35.

25° *Le Molinet.*

A Theod. Violette:
D'une lisière à Nicolas Delanchy.
D'autre à la rue de la Nef d'Or dont elle forme le
coin ;
Par derrière à M. Philippy et autres[1],
Et par devant à la rue Croix Belle-Porte
Rue Croix Belle-Porte n° 27.

26° *La Chèvre.*

A Claude Gobinet,
D'une lisière à Cl. Gobinet de Villecholles,
D'autre et d'un bout par derrière au presbytère
Saint André.
Par devant à la rue Croix Belle-Porte n° 46.
Rue Croix Belle-Porte n° 44.

27° *Gobinet de Villecholles.*

D'une lisière à « la Maison de la Chèvre ; »
D'autre à Jacques Blondel, ci-devant Denelle
Par derrière à la place Saint André ;
Et par devant à la rue Croix Belle-Porte.
Rue Croix Belle-Porte n° 44.

28 et 29° *Le presbytère Saint André.*

D'une lisière à la « maison de la Chèvre ; »

---

[1] La maison de M. Philippy, ci-devant MM. Pincepré, rue Saint-Jean, a une sortie sur la rue de la Nef d'Or.

D'autre à « l'Oie ferrée [1], » appartenant à Gállois de l'Epée ;

Par derrière au cul de sac Saint André,

Et par devant à la rue de la Monnaie [2].

Rue du Gouvernement n° 2.

30° *Georges Neukôme : Suisse de Saint-Quentin.*

D'une lisière à Mlle Cambronne

D'autre à une maison canonicale occupée par Peytair,

Par derrière à P. Colliette,

Et par devant à la rue de la Monnaie près le four du Temple.

31° *Ant. Debry, épicier.*

D'une lisière à la rue de la Fosse, dont elle forme un des coins ainsi que de la rue Belle-Porte ;

D'autre à Boucher, horloger.

Rue Saint Jean n° 28.

32° *Les Trois Bourdons.*

Présentement dans une grande maison appartenant à Delatour d'Hardécourt.

D'une lisière à Philippy du Tronquoy ;

D'autre à Ch. Devienne, maître-tailleur et au terrain de l'hôpital Saint Jacques ;

D'un bout par derrière à la rue aux tripes,

Et par devant à la rue Belle-Porte.

---

[1] L'oie ferrée serait au n° 4 rue du Gouvernement.

[2] La maison du n° 2 appartenait en 1696 à Mlle Catherine de Dozemont, qui l'a donnée à la paroisse St André.

Rue Saint Jean, maison occupée par la caisse com-
merciale [1].

33° *J. B. Gobinet.*

D'une lisière à l'hôpital Saint Jacques ;
D'autre à Denis Chastellain ;
D'un bout par derrière à la rue aux Tripes,
Et par devant à la rue Belle-Porte.
Rue Saint Jean n° 89.

34° *Le Mouton noir.*

A J. Dacheux, du chef de sa femme, Mlle Chastellain
D'une lisière à l'hôtellerie du Mont Saint Martin ,
D'autre à Ant. Debry ;
D'un bout au jardin du Mt S.-Martin [2], (par derrière.)
Et par devant à la rue Saint Jean ou Belle-Porte.
Rue Saint Jean n° 42.

35° *Edme Fr. Manchon, Sr de Magny, la Fosse,*
demeurant à Fieulaine.

D'une lisière à une maison occupée par Desbrosses;
D'autre à la rue des Rosiers où est l'entrée,
Par derrière à Arnaud ;
Et par devant à la rue de la Fosse.
Rue des Jacobins n° 5.

36° *Arnaud, chanoine.*

Ci-devant à Q. Bailly, procureur, à cause de
Mlle d'Origny.

[1] Le jardin provient du terrain de l'hôpital St Jacques, vendu
en 1618 à André Delafons.

[2] L'hôtellerie du Mt St Martin comprend les n° 38 et 40 ; Ant.
Debry le n° 44.

D'une lisière à Edme Fr. Manchon ;
D'autre à Philibert Potier [1];
Par derrière à la maison occupée par Desbrosses ;
Et par devant à la rue des Rosiers.
Rue des Jacobins, n° 7.

37° *P. Potier.*

D'une lisière à Arnaud ;
D'autre à Cl. Raphaël ;
Par derrière à la maison de Desbrosses [1] ;
Et par devant à la rue des Rosiers.
Rue des Jacobins n° 9. En 1696 à J. Molinet.

38° *Jacques Rincheval.*

D'une lisière à Dubreuil ;
D'autre à Ch. J. Caignart ;
Par derrière à une maison occupée par Dorigny de
   Cartigny ;
Et par devant à la rue des Rosiers.

39° *Le Lion d'Argent* [2].

A P. Lequeux, libraire.
D'une lisière au bâtiment du beffroi et au jardin
   dudit ;
D'autre à Henri Borgne, ci-devant Borel ;
Par derrière à Cl. Sellier, drapier ;
Et par devant à la rue Saint André.

---

[1] La maison occupée par Desbrosses serait sise rue de la Fosse
n° dont le jardin passe derrière les maisons sises rue des Jacobins n° 7.

[2] *Maison rue Saint-André*, 15, *oyant à sa droite la prison de la
ville et servant d'entrée au beffroi.*

40° Le Chat [1].

A Mᵐᵉ Ferot, veuve Maubreuil de Rarbèze.
D'une lisière à l'église Saint André,
D'autre à J. Bleuze,
Par derrière au cul de sac Saint André,
Et par devant à la rue Saint André.

41° Le Grand Comble.

A l'Hôtel-Dieu.
D'une lisière à une petite rue nommée ;
D'autre à Robert Watier, marchand ;
Par derrière à plusieurs ;
Et par devant à la rue du petit Paris, vis-à-vis le
puits.

42° L'Herminette.

A Maillet.
D'une lisière à Desjardins de Séry ;
D'autre vis-à-vis le grenier à sel ;
Et par devant à la rue du petit Paris.

43° Le petit Paris.

A P. Desjardins de Séry.
D'une lisière à Nicolas Maillet ;
D'autre à Caiguart de Pommery ;
Par derrière à la rue de Granville ;

---

[1] L'ancienne maison de Morel, dit Capucin, démolie il y a une trentaine d'années et reconstruite par Ch. Farque, dit Fontaine, serait la demeure occupée par Leroy, épicier.

Et par devant à la rue du petit Paris.
Rue du petit Paris, n° .

44°, 45°, 46° *Les Trois Rois.*

A Bournonville.
D'une lisière à la rue de la Gréance, dont elle fait
  un des coins ainsi que de la rue des Liniers;
D'autre à P. Picard, à cause de la maison de la
  Herse ;
Par derrière à Fr. Ledieu;
Et par devant à la rue des Liniers ;
Rue du Collége, n° 2.

47° *Le Sacrifice d'Abraham.*

D'une lisière à la rue Saint Nicolas dont elle fait un
  des coins ;
D'autre aux maisons de l'abbaye de Prémontré,
Par derrière à Robert Wattier,
Et par devant à la rue des Liniers.
N'est-ce pas la maison, rue du Collége n° 3 ?

48° *L'Écu de Bourbon.*

A Lobert.
D'une lisière à Nicolas Connevant ;
D'autre à Denis de Lamarlière ;
Par derrière   »
Et par devant à la rue de la Sellerie.
Rue de la Sellerie, n° .

49° *Le plat d'argent.*

D'une lisière à Douller;

D'autre à Mathias Boulanger ;
Par derrière à Denis de Lamarlière ;
Et par devant à la rue de la Sellerie.
Rue de la Sellerie, n° 4.

50° *L'A. de vingt nez.*

A Robert Watier.
D'une lisière à lui-même ;
D'autre à Grandin ;
Par derrière à la petite place du petit Paris ;
Et par devant à la rue de la Sellerie.

51° *Robert Watier.*

D'une lisière à « l'A. de vingt nez ; »
D'autre à P. Pillon ;
Par derrière   »
Par devant à la rue de la Sellerie.

52 et 53os *J. Leroux, mesureur, ci-devant Longuet* [1].

D'une lisière à « la Hache, » ci-devant occupée par
    Hourlier et ensuite par Jérôme Thiéry.
D'autre à L. Landa ;
Par devant à la rue de la Sellerie.

54° *Le Chapeau Rouge.*

A Édouard Frison.
D'une lisière à Chippe.
D'autre à Tourlet.
Par derrière à Nicolas Charpentier.
Et par devant à la rue de la Sellerie.

[1] En 1696 Denis Tabary, au lieu de Samuel Crommelin, à cause de sa maison, tenant à celle de « la Hache. »

55º *La Tête d'or*.

A L. Wiart.
D'une lisière à Robert Mégret,
D'autre à Lecomte Longpré et à la rue des Corde-
   liers;
Par derrière à J. Ch. Dorel;
Et par devant à la rue de la Gréance.

56 *et* 57º *La pomme d'orange*.

A J. Maquerel de Quesmy, seigneur de Parpeville,
   ci-devant à Adrien Crommelin, seigneur de
   Mézières et auparavant à J. Bouthillier.
D'une lisière à l'hôtellerie du « Cerf-Volant. »
D'autre en partie à la rue des Corbeaux,
Par derrière au jardin de l'Abbaye d'Isle,
Et par devant à la rue de la Gréance.
En 1696 la « pomme d'orange » partagée en deux
   parties,dont l'une appartenait à L. Muller, héri-
   tier de J. Gérault et l'autre à J. Loyer.

58º *Le Bout du Monde*.

En 1749 à L. Labitte au lieu de L. Gaillard.
D'une lisière à André Doublet;
D'autre à Sonnet;
Par derrière à L. Blondel,
Et par devant à la rue des Plates Pierres.
En 1696 Noël Dubois.

59º *Le duc d'Orléans*.

A André Doublet.
D'une lisière à L. Labitte,

D'autre à
Par derrière à plusieurs,
Par devant à la rue des Plates-Pierres.
En 1696 L. Cambronne était propriétaire de cette
maison.

60° *L'Espérance.*

A Fr. Deverly.
D'une lisière à Jacques Dumoutier Devastres,
D'autre à la rue du Petit Pont,
Par derrière aux Cordelières,
Et par devant à la rue des Plates-Pierres.
Rue des Plates-Pierres, n° 4.

61° *Dumoutier Devastres, en* 1749.

D'une lisière à Fr. Deverly,
D'autre à Topin,
Par derrière aux Cordelières,
Et par devant à la rue des Plates-Pierres.
En 1696, Robert Sarazin et avant Fr. Tabary.
Rue des Plates-Pierres, n° 2.

62° *Les Vieux Amis.*

A Barthelémy Possel.
D'une lisière à Samuel Crommelin,
D'autre à Dumontier Cordel,
Par derrière au presbytère S. Jacques [1],
Et par devant à la place Campion.

---

[1] Le presbytère St Jacques était situé rue St Jacques à la maison portant le n° 12. Les Vieux Amis seraient la maison située rue des Cordelières n° 2.

63 et 64° *Hôtel de Mouy.*

A Isaac de Brissac du Grandchamp.
D'une lisière à P. Petit, brasseur,
D'autre à Fr. Thiéry,
Par derrière audit Petit et P. Viéville,
Par devant à la rue au Cerf.
Rue Saint Thomas.

65° *La Licorne ou S. Nicole.*

A L. Cl. d'Achery, marchand.
D'une lisière à L. Lefèvre, courtier en toiles,
D'autre à Devillers, ci-devant J. L. Cambronne,
Par derrière à Fizeaux.
Et par devant à la rue au Cerf.
Rue Saint Thomas.

66° *Le Serurier*, 1746.

Ancienne maison d'Adrien Charpentier.
D'une lisière aux Cinq,
D'autre à Ch. Fr. Delahaye.
Par derrière à Caignart de Marcy.
Par devant à la rue au Cerf.

67 et 68° *Le Godet à Q. Bailly, procureur.*

D'une lisière à Madeleine Saget, veuve Guillaume
    Lepreux,
D'autre à la veuve Cl. Devillers, ci-devant Nicolas
    Cavelle,
Par derrière à Adrien Cafin.
Et par devant à la rue des Faucilles.

En 1696, cette maison s'appelait « le Rabot » et vers
1737 « le Godet. »

69° *Le Cabot vert.*

A J. P. et André Georges Rondeau.
D'une lisière à eux-mêmes,
D'autre à Daniel Cottin (Denis Cottin).
Par derrière à la commanderie d'Eterpigny,
Et par devant à la rue au Charbon.

70° *Caignart de Marcy* [1].

D'une lisière à la rue des Arquebusiers,
D'autre à Adrien Charpentier,
Par derrière à la rue Brassette,
Et par devant à la rue au Charbon.
Rue des Canonniers, n° .

71° *Noël Pecquet, M° menuisier.*

D'une lisière à L. Alexandre Marcassin,
D'autre à Samuel Pondartin,
Par derrière à Nicolas Gallois,
Et par devant à la rue des Faucilles.

72° *Denis Hachette, perruquier, ci-devant Samuel Pondartin.*

D'une lisière à Noël Pecquet,
D'autre à Math. Grebert,
Par derrière à N. Gallois,
Et par devant à la rue des Faucilles.

[1] Marguerite Hourlier, épouse dudit Caignart de Marcy.

73° *M. Grébert, M° menuisier.*

D'une lisière à Hachette,
D'autre à la maison du « petit Griffon, »
Par derrière à Gallois,
Et par devant à la rue des Faucilles.
Rue des Canonniers, n° 8.

74° *La Balance.*

A L. Jacob Harlé.
D'une lisière à Ch. Thomas,
D'autre au jardin de Nicolas Bardeau, d'une part,
    et à veuve Cyprien d'autre part.
Par derrière au jardin de Samuel Crommelin.
Et par devant à la rue du Fumier.

75° *Le petit Griffon.*

D'une lisière à Grébert,
D'autre à la rue des Corroyeurs dont elle fait le
    coin, ainsi que celle des Faucilles.
Par derrière à Gallois,
Et par devant à la rue des Faucilles.
Rue des Canonniers, n° 8.

76° *La Paonnesse.*

A Ch. Desains, notaire.
D'une lisière au cantuaire de Saint Nicolas en
    l'église de Sainte Marguerite,
D'autre à lui-même, à cause de la maison de P.
    Seret réunie à la sienne.
Par derrière au « Vert-Muguet, » (Chédeville),

Et par devant à la rue Sainte Marguerite.
Ce serait la maison de M. Lecaisne.

77° *Le Vert Muguet.*

A J. Fr. Chastellain.
D'une lisière à Cugnet,
D'autre à L. Sallet,
Par derrière à Ch. Desains, notaire.
Et par devant à la rue S^t. Martin.
Rue S^t. Marti , n° 28.

78 *et* 79° *La grosse tête.*

A Cl. Duhamel.
D'une lisière à M. Maubert, lieutenant criminel,
D'autre à J. Desmazures et aux écuries du « Pot
  d'Étain, »
Par derrière audit Maubert,
Par devant à la rue S^t. Martin.
En 1696 cette maison appartenait à Dauchet.

79 *et* 80° *Saint-Georges.*

A Quentin Emmerez,
D'une lisière à Mlle Watier, ci-devant Geneviève
  Vignou,
D'autre à Leclerc,
Par derrière à la rue de la Boulangerie,
Et par devant à la place.
En 1696 Martin Emmerez possédait encore une
  autre maison, située sur la place et à peu de dis-
  tance de celle-ci, nommée « le Dauphin cou-
  ronné. » Acte du 16 novembre 1565.

81° *Le petit Fervacques.*

Sur la paroisse et vis-à-vis l'Église Sainte Pécinne, en donnant le long du rempart.

En 1696, à cause de deux maisons annexées audit petit Fervacques, qui provenaient de M. Henri de Maubreuil.

82° *Courtigny, fief sur la paroisse de Savy.*

Deux setiers de terre à Marguerite Cousin, épouse de Cl. Reneufve, en sa qualité de légataire de Ch. d'Origny, chanoine en cette ville, son oncle maternel, qui les avait achetés de Cl. d'Origny, son père, à qui ils avaient été adjugés le 13 juillet 1683, par suite de saisie immobilière sur la succession de Nicolas Regnier, marchand en cette ville et Marguerite Lalou, sa femme.

83° *Les Blancs-Moniets.*

Maison enclavée dans celle des filles de la Croix, et provenant d'Elie Hénocque.

84° *L'Ane Rayé.*

A J. D'omissy.
D'une lisière aux enfants de Nicolas Fournier,
D'autre à Th. Rousselet,
Par derrière à Henri Josselin,
Et par devant à la place.

85° *Brissay, chevalier, seigneur de Brissay, au lieu de P. Foulon.*

D'une lisière à René Carré, prêtre-chanoine de

Ste Pécinne, ci-devant de Chamenet de Belleu-
glise,

D'autre à veuve P. Freslet, ci-devant Fr. Botté,

Par derrière à une maison canonicale occupée par
Mlles D'origny,

Par devant à la rue Sainte Pécinne.

86 et 87° *Delamarlière, épicier, ci-devant veuve Blondel.*

D'une lisière à Ph. Desains, chirurgien,

D'autre à..... et ci-devant Guillaume Ponthieu,

Par derrière à la petite place de la rue du petit
Paris et sur le devant à la rue de la Sellerie.

En 1696 J. Blondel, à cause de sa maison, tenante
« à l'Ancre. »

88° *Les Arbalétriers.*

A Nicolas J. Caignart et depuis à Vinchon.

Ce jardin appartenait en 1737 à N. J. Caignart,
avocat au Parlement de Paris et depuis à Vinchon,
aussi avocat.

D'une lisière au rempart,

D'autre du côté de la rue des Bordeaux,

D'un bout faisant cul de sac, qui donne vis-à-vis le
Hué et la rue aux Tripes.

D'autre bout le long de la rue Sainte Marguerite.

Ce jardin forme l'impasse des Arbalétriers d'un
côté, et de l'autre ferme la rue du Hué S^t. Jean.

En 1696 H. Caignart en était propriétaire.

89° *La seigneurie du Bassinet est située à Rouvroy.*

Morcourt pour 2/3 à Ant. Fleury, seigneur dudit
Bassinet, et pour 1/3 à L. Lefèvre, courtier en

ville. La totalité est d'env ron 600 setiers de terre,
12 sur Morcourt et le restant sur Rouvroy. En
1696 Dumesnil Alexandre était seigneur du Bassinet. Le 5 décembre 1644, il a été payé 3ˡ 12ˢ par
Remi Guerbiguy, fermier de ladite terre, lequel
a déclaré dans l'acte être chargé par le bail qui
lui en avait été fait par M. de la Hillière, tuteur
de Mˡˡᵉˢ Jeanne Delafont, depuis mariée à M. de
Sorel, et Marie Delafont, mariée à Ph. Domma-
lin, seigneur de Bulâtre.

90° *J. Matoulet, cabaretier.*

D'une lisière à lui-même, à cause de la maison où
   pend pour enseigne « Au Cardinal, »
D'autre à Pincru.
Et par devant à la rue Saint Martin.

91° *Le presbytère Sainte Marguerite.*

D'une lisière à L. Desains et à d'Origny.
D'autre à L. Thiesset,
Par derrière au jardin dudit d'Origny.
Et par devant à la rue Sainte Marguerite.

CHAPITRE VIII

NÉCROLOGE DU CHAPITRE DE SAINT-QUENTIN

1408. *Décembre.* 1er *Petrus ad Avenam* (Pierre Ala-
voine) 5 juillet, donne 100 flo-
rins d'or à l'an pour ériger la
nouvelle trésorerie , valant
1,000 écus, en 1774.

—   28 janvier. Donation d'un cruci-
fix doré, valant 32 florins, pe-
sant 3 marcs et 2 onces.

—   17 mars. Don de 90 livres parisis
avec lesquels on a acheté à Fontaine des biens valant plus de
100 rasiers d'avoine.

—   3 François de Brouilly. Ste Barbe.

—   13 Robert de Listerres, fondateur de
la procession de Saint Nicaise.

¹ La pièce valait dix-huit sols parisis. La même pièce vaudrait
actuellement 30 fr. soit dix écus.

1408. *Décembre.*		2 janvier. Don de 100 florins royaux, 58 pesaient un marc d'or pur.
—		7 février. 5 mai.
—	16	Evrard Lauchard.
—	23	Antoine Baillon, chanoine, qui donna 3250 fr. à l'Eglise, après l'incendie de 1669 pour fonder une messe à l'autel Saint Antoine et acheter 6 candélabres et un crucifix en argent, pour le maître-autel. Les termes du nécrologe font penser qu'il donna aussi une somme importante pour les réparations du désastre occasionné par l'incendie. Voici les termes :

« *Capitulum acciperet 10,000 fr. ad censum ut repararet incendium anni 1669. Redemit partem mutui tanti cum dono. D. Baillon.* »

—	25	Gobert de Roye.
1272. *Janvier.*	2	Mathilde Patrelotte.
—	5	Delamotte.
—	5	Jean Ducis, chantre à Rouen et chanoine à Saint-Quentin.
1338. —	8	Pierre de Soissons, conseiller à l'Eglise : don de 100 florins d'or, dépensés pour l'utilité de l'église.
—	9	Barthélemy de Roye.
—	14	Pierre de Listerre, chanoine.
—	15	Huguet Oudart, évêque d'Angers, chanoine à Saint Quentin.

1338. *Janvier.* 17 Jean Martin, bourgeois à Saint-Quentin, a restauré et décoré la chapelle Saint Antoine.

— 20 (Ste Agathe, dans la tour Saint Michel, ce 4 février.)

— 24 Le plus ancien nécrologe existait avant la suppression de la Place du Centre; car on lisait au 24 janvier « *nono calendar. februar. a Luminarium debet custos.* »

800. 30 Fulrade, abbé, et Thierry restaurateur de l'Église.

Février. 5 Un tableau, où était inscrit le nom de P. Devaulx, chanoine, était suspendu, entre deux colonnes, où devait, selon sa donation, être récité le psaume « *De profundis.* »

— 7 Père et mère de Richard d'Anglice : rue des Flamands.

— 8 Rasso de Brunhamel, chanoine qui donna 97 fr. 10 c. pour être compris dans les prières du Chapitre. On se servit de l'argent, pour réparer les vitres des fenêtres.

— 9 Robert de Hiencourt.

1488. *Novembre.* 16 Jean Bérenger, chanoine, donne : 1° 4 muids de blé et xi sols de forte monnaie à prendre sur les maisons, terre et prés d'Hombières; 2° 100 écus d'or avec lesquels on acheta 6 parisis à

1488. *Novembre.*	la charge d'une fête double le jour de Sainte Apolline sur l'autel de Saint Julien. V. également 14 sept. fonds, procession à la chapelle de la Vierge.
1450. *Mars.*	13 J. Molet, « *decretorum doctor,* » chanoine et doyen (1450) et 12 juillet, donna 13 muids de terre à Clâtres de St-Simon, à charge par l'Église de distribuer 13 muids de froment pour 2 messes de « *Requiem,* » qui soient précédées de vigiles et annoncées par les grosses cloches. Au 13 juillet, il est dit qu'il avait donné 6 muids de blé.
1450. *Mars.*	14 J. Maton, chanoine, a donné 110 tournois, qui ont été employées à l'édification du nouvel œuvre, contre la chapelle Saint Jean l'évangéliste, (portail des enfants de chœur, bâti sous le règne de Louis XI par l'Amoureux, architecte de Valenciennes.)
—	23 Gossuin le Grenetier a donné 50 fr. parisis, pour faire refondre la grosse cloche, qui déjà s'appelait Agathe. Cette cloche devait sonner le 19 août, pour l'obit de Jeanne la Grenetière, sa femme.
Avril.	26 Nicolas de Morel (Delamare?)laisse

1450. Avril.   10 fr. pour l'autel et les images de l'autel des trépassés et 10 fr. autres, pour parfaire une vitre pour laquelle J. Tarue, chapelain, avait déjà donné 20 fr.

Mai.   6 Donation de J. Prévost, chanoine, (mort 28 novembre 1553) pour la fête St J. B. l'Evangéliste, Porte Latine. Il donna 40 fr. de revenu à prendre, sur certains fiefs et terres. Ses exécuteurs testamentaires achetèrent pour l'utilité de la fabrique de l'Eglise, la maison où pendait l'image de Sainte Germaine, située contre le grand portail. La réparation de cette maison coûta 120 fr.

—   Ils dépensèrent en outre 1,244 fr. et 1 fr. tournois pour ornements; l'un était en velours rouge avec des pommes d'or; il devait servir à l'annuel de Saint Jean et aux autres fêtes; l'autre était en camelot noir de soie; il devait servir pour le carême. Son obit se faisait le lendemain de Saint Jean, Porte Latine.

—   11 Jean de Laplace (de Plateâ) Rayer, donna 70 florins à l'écu pour que l'hymne « *Veni Creator* » fut chanté pendant l'Octave de la Pentecôte et que pendant ce

1450. *Mai*.		chant, on sonnât *Blandin*, les deux nouveaux, avec 4 petites cloches.
—	12	Guillaume Lislé Scot, chanoine, donne 1,000 fr. pour racheter d'autant des 10,000 fr. que le Chapitre avait pris à rente de Mlle Cotte, pour les réparations de l'incendie de 1669.
—	20	Jean de Templeu donne 120 livres tournois pour les besoins de l'Eglise.
1450. *Juin*.	6	Nicolas Cuel fonde en 1542 l'annuel de S. Claude.
—	11	Gilbertus Anglicus, chanoine.
—	12	Guillaume Charité chanoine, donne 64 livres parisis.
—	13	P. Petit donne des terres situées à Quivières et Guisencourt à la charge de six obits, un pour lui, les autres pour ses parents, et d'une messe sur l'autel de S. Fursi.
—	14	L'abbé Hugues construisit la crypte sous le chœur, pour servir de sépulture à nos saints patrons : il procura même S. Cassien, l'un d'eux.
—	19	La Comtesse Eléonore donne 60 sols, monnaie de Saint-Quentin ad tabulas cantarii.
—	28	Jacques Lecat, chanoine (26). L'épouse de Nicolas Lecat.

1450. *Juillet.*

3 Les exécuteurs testamentaires de J. Menelli de Marolles donnent 7 écus d'or pour les réparations de l'Eglise.

— 10 Thomas Pérignon fait faire, à ses frais, la nouvelle consécration de l'Eglise , après l'incendie d'août 1545.

— 26 P. Sacoin, clerc, fonde la procession de la **Transfiguration** au portail de la place de Saint-Quentin. Pourquoi et pour son dû, il donne 18 journaux de terre achetés par lui à Guisencourt.

— 28 J. Rose, chanoine, élève à ses frais le gradin de la châsse de S. Quentin, S. Cassien, S. Victorien.

Août. 2 Robert le Listeur fonde une procession en la chapelle S.-Louis, en l'honneur de S. Etienne.

— 3 Guillaume de Erva , chanoine, fonde une fête double, en l'honneur de S. Etienne.

— 7 Chrétien de Bruxelles, chanoine, donne 8 marcs d'argent, 10 muids de froment et quelques livres de droit.

— 9 Robert le Listeur fonde une procession en la chapelle S.-Louis, en l'honneur de S. Laurent.

— 10 Agnès Lecat donne un muid de blé sur 6 setiers de verre à Essigny.

1450. *Août.*   13 Grégoire de Ferrières, donateur infatigable, meurt ; toutes les cloches devaient sonner.

—   25 Ode, doyen, donne le four sous la tour et Gillen Hurel, chanoine, donne 100 tournois, pour aider à la construction du petit portail, contre le puits l'Amoureux.

1569. —   29 Jacques Byget, chanoine, donne 1200 fr. pour réparer les fermes et les maisons du chapitre, brûlees lors de la guerre et pour couvrir, en plomb, trois chapelles derrière le chœur.

—   31 Rozet, chanoine, qui fonda la course de la couronne, après les deux vêpres de l'élévation de S. Quentin.

Septembre.   2 Etienne Bursarii (Boursier) laisse avec des ornements, quelques livres, un psautier avec une glose, une histoire scholastique de l'Eglise, autrefois enchaînés dans le chœur.

—   9 Jacques de Walincourt fait une fondation à charge de sonner, ce jour-là, la grosse cloche nommée Marie.

—   14 Le chef de S. Quentin est rapporté de Cambray.

—   15 Etienne de Paris, cardinal, donne une maison, sise à Itancourt, louée 4 livres parisis par année. Gilles Hurel, chanoine, donne 260

1569. *Septembre.* tournois, qui ont été apppliqués aux nécessités de l'Eglise.

— 17 Gui Prière, chanoine, laisse tous ses livres, tant de droit qu'autres. Ph. Grin achète 3 muids de froment avec les 40 francs qu'il avait en outre laissés.

— 24 Nicolas Apertin, chanoine, donne 50 saluts d'or, employés pour l'utilité de l'Eglise.

— 28 Antoine Desplanques, doyen, procura la restitution du chef de St-Quentin.

Octobre. 1 Nicolas Livairières, chanoine.

— 2 Pierre Lecat, »

— 7 Gérard de Poissy »

— 9 Pierre de Poissy » et doyen de Paris. Obri pour D. Fursy Petri (V. 6 juin) Guill. Petri, chapelain et non Fursy.

— 12 Oudart de Biencourt, chanoine, donne 120 livres parisis.

— 13 P. Fournier, chanoine de Paris, donne 3000 fr. qui ont été employés au rachat de 1000 fr. empruntés à Noyon à Mlle Catte, pour la réparation de l'incendie de 1669.

— 14 Raoul l'Ancien, comte de Vermandois, a donné beaucoup d'argent pour réédifier l'Eglise.

— 16 Joubert de Kiévresin.

1774. 30 On a extrait deux os de la tête de

1774. *Octobre.*		S. Victorien, pour les donner à l'évêque de Boulogne.
1775.		Extraction d'un os occipital de la tête de S. Quentin et donation dudit à l'Evêque de Bruges pour l'Eglise d'Oksterchet.
1779. *Novembre.*	16	En 1779. Extraction du chef de S. Quentin de l'os ischion qu'un médecin divise, en trois parties, l'une est envoyée à la paroisse de St-Quentin dans le Soissonnais, l'autre à Fay dans le Noyonnois, la troisième à Vadancourt, dans le Laonnois.
—	20	Malthide Patrelotte laisse 4 muids de blé à charge de distribuer 2 pains à chacune des neuf paroisses, un demi muid au chapelain, un setier au portier, pour sonner la plus grosse cloche.
—	23	Thomas Lecat, jurisconsulte.

CHAPITRE X

MAYEURS ET MAIRES DE LA VILLE DE SAINT-QUENTIN.
(1557-1879.)

1557 L. Varlet, seigneur de Gibercout.
1 58 Point de mayeur, occupation Espagnole.
1559 Robert de Y. seigneur de Gaucourt.
1560 Nicolas Delafons.
1561 Robert de Y.
1562 Nicolas Delafons.
1563   »
1564 Fr. de Fama.
1565 N. Delafons.
1566 Hubert Lescuyer.
1567 Fr. de Fama.
1568 H. Lescuyer.
1569 Fr. de Fama.
1570 Fr. de Barcourt.
1571 Fr. de Fama.
1572 Q. Barré.
1573 Fr. de Fama.

1574 Sébastien Diré.

1575 Ant. Loqueneux.

1576 Q. Barré.

1577 A. Loqueneux. ,

1578 S. Diré.

1579 »

1580 L. Dorigny.

1581 S. Diré.

1582 L. Dorigny.

1583 S. Diré.

1584 L. Dorigny.

1585 à 1589 S. Diré.

1590 L. Dorigny.

1591 P. »

1592 L. »

1593 P. »

1594 L. »

1595 J. de Y.

1596 L. Dorigny.

1597 J. de Y.

1598 L. Dorigny.

1599 J. de Y.

1600 L. Dorigny.

1601 J. de Y.

1602 L. Dorigny.

1603 P. »

1604 L. »

1605 P. »

1606 J. Heuret

1607 P. Dorigny.

1608 J. Margerin.

1609 Robert de Y.

1610 J. Margerin.

1611 Robert de Y.

1612 J. Margerin.

1613 J. Heuzel.

1614 R. de Y.

1615 L. Dorigny.

1616 J. Margerin.

1617 J. Heuzet.

1618　　　　》

1619 J. Margerin.

1620 R. de Y.

1621 J. Margerin.

1622 R. de Y.

1623 J. Margerin, mort en charge.

1624 R. de Y.

1625 Ph. Delafons.

1626 R. de Y.

1627 Ph. Delafons.

1628 R. de Y.

1629 Ph. Delafons.

1630 R. de Y.

1631 Ph. Delafons.

1632 R. de Y.

1633 Ph. Delafons.

1634 R. de Y.

1635 Ph. Delafons.

1636 Le même continué par lettre de cachet.

1637 J. de Y.

1638 L. Dorigny.

1639 Ph. Delafons.

1640 J. de Y.

1641 J. Lescot.

1642 P. Dorigny.

1643 P. Desjardins.

1644 Ph. Delafons.

1645 P. Dorigny.

1646 J. de Y.

1647 P. Dorigny

1648 Ph. Delafons, mort en charge.

1649 P. Dorigny, mort en charge.

1650 Paul Caignart.

1651 L. Caignart.

1552 P. Caignart.

1653 Ch. de Charlevoix.

1654 P. Dorigny.

1655 N. Delafons.

1656 Ant. Dartois.

1657 P. Dorigny.

1658 Ant. Carpentier.

1659 A Dartois.

1660 A. Carpentier

1661 A. Dartois.

1662 Ch. Caignart.

1663 L. Dorigny.

1664 A. Dartois.

1665 L. Dorigny.

1666 Paul Caignart.

1667 Ch. Gaignart.

1668 A. Dartois.

1669 Ch. Caignart.

1670 A. Dartois.

1671 Ch. Caignart.

1672 L. Lescot.

1673 Ch. Aut. Mégret.

1674 Aut. Dartois,

1675   »

1676 Simon Féra.

1677 Nic. Moiset.

1678 J. Hourlier.

1679 L. Lescot.

1680 J. de Charlevoix.

1681 J. Gobinet.

1682 J. Bouthillier.

1683 Ant. Dartois.

1684 Fr. Tabary.

1685 H. Caignart Duclos.

1686 Q. Rohart.

1687 Ch. A Mégret.

1688 Nic. Bendier.

1689 P. Dorigny.

1690 Fr. Muyau.

1691 Cl. Dorigny.

1692 Jean Lescot, en cette année les charges municipales furent érigées au titre d'office et celle de mayeur fut levée par :

1693 Fr. Lemarchand de Lilleprés, mort en 1695.

1696 Fr. Tabary,

1697   »   mort en 1698.

1699 Vacance.

1703 Adrien Charpentier.

1708   »

En 1708 le roi créa une charge de maire alternatif, qui fut réunie à la Ville.

1709 Q. Charpentier, par élection.

1710 A Charpentier, par finance.

1711 Jacques Lescot élu.

1712 A. Charpentier.

1713 L. Charpentier élu.

1714 A. Charpentier, par finance.

1715 Q. Gobinet, par élection.

1716 A. Charpentier, par finance.

1717 J. B. Hourlier. (Les charges sont supprimées.)

1718   »

1719 N. Watier.

1720 N. Botté.

1721 N. Bendier.

1722 R. Dorigny.

1723 A. Charpentier.

1724 N. Botté.

1725 N. Delamarlière.

1726 R. Dorigny.

1727 A. Charpentier de Malines.

1728 N. Botté.

1729 Q. Gallois.

1730 Ch. Ph. Dartois.

1731 Samuel Crommelin.

1732   »   par lettre de cachet.

1733 Ch. Esmenard de Charlevoix. (Les charges municipales, mises en vente ne sont pas levées).

1738 J. B. Lescot.

1739 Q. Dartois.

1740 Fr. Botté de Barival.

1741 à 1748 R. Dorigny. Les charges ne se levaient pas.

1749 Fr. Botté de Barival. (Il fut ordonné par le Roi, que le Mayeur exercerait deux ans.)

1750 L. Cl. d'Achery d'Hercourt.

1751   »

1752 J. B. Maubert.

1753   »

1754 Ant. Gobinet.

1755   »

1756 Ch. Ant. N. Férot.

1757   »

1758 H. L. de Maubreuil.

1759   »

1760 N. Watier

1761 »

1762 L. Fr. Desjardins.

1763 »

1764 à 1768 Ch. H. Dorigny, lieutenant au baillage.

1769 à 1773 M.J.Caignart du Rotoy,après que les charges mises en vente auront été payées, par l'Hôtel-de-Ville.

1774 Ch. Maillet, conseiller du Roy.

1775 »

1776 N. Q. Huet du Sancy, conseiller du Roi, nommé le 20 juin 1776.

1777 »

18 *juin*.   1778 Jacques Nic. Q. Debry,avocat.

—   1779 »

22 —   1780 Desjardins (Cl. Ant. Q.) Négociant.

—   1781 »

20 —   1782 P. Ant. Fr. Margerin, lieutenant criminel.

—   1783 »

17 —   1784 H. P. Colliette, avocat, élu le 17 juin 1784.

—   1785 »

21 —   1786 Ch. L. Fouquier, président au grenier à sel.

—   1787 »

—   1788 S. Martin Néret, receveur de la gabelle.

—   1789 »

5 *Décembre*. 1789 N. Alex. Margerin est nommé président du conseil municipal, en remplacement du mayeur

		par décret du 2 du même mois.
31 *Janvier.*	1790	P. Possel est nommé maire par les assemblées primaires.
20 *Février.*	1790	Namuroy, notaire, est nommé maire.
20 *Décembre.*	1791	L. Q. Fouquier.
24 *Octobre.*	1792	Félix de Pardieu.
8 *brum. an* II. (29 *octobre* 1793.)		Barthélémy Possel est nommé maire par arrêté des représentants du peuple Lejeune et Proux.
19 *nivôse an* II. (8 *janvier* 1794.)		Niquet aîné. Arrêté des représentants Huet et le Prieur.
3 *brum. an* III. (24 *octobre* 1794.)		Jacques Arpin. Arrêté du représentant Féraud.
12 *brum. an* IV. (3 *novembre* 1795.)		Fizeaux élu président de l'Administration municipale par les assemblées primaires.
27 *vendém. an* VI. (17 *octobre* 1797.)		Leroy Créteil, est nommé président de l'Administration municipale par le Directoire exécutif.
25 *brum. an* VII. (15 *novembre* 1798).		Delafosse est élu président de l'Administration municipale par l'Assemblée primaire.
7 *prairial an* VIII. (27 *mai* 1800.)		Jacques L. J. Blondel, avocat : arrêté du Premier Consul.
8 *prairial an* XIII. (28 *mai* 1805.)		Albert Barth. Fleury Delhorme.
13 *Mars.*	1808	P. L. Samuel Joly de Bammeville.
—	1813	Joly aîné.
Novembre.	1815	De Baudreuil, nommé par Louis XVIII, a exercé 14 ans.
	1828	Dupuis, installé le 24 août.
	1831	Namuroy-Gomart, par ordonnance de Louis Philippe du 30 mars.

Septembre. 1837 Déalle : ord. du 29 août.

Avril. 1841 P. Q. Desjardins, ancien commissaire des guerres : (ord. du 1er octobre 1840.)

1844 Carlier Pommery, 2° adjoint fait fonctions de maire.

1846 Ch. Lemaire : ord. du 20 décembre 1846.

Juin. 1848 Bourbier, docteur en médecine.

4 Décembre. 1851 Foy-Lemercier est nommé président de la commission munici pale, par arrêté du sous-préfet.

1852 Ch. Namuroy, avocat, nommé maire par arrêté préfectoral du 26 janvier 1852.

1861 Charles Picard, nommé maire par décret impérial du 4 juillet 1861.

1863 Huet-Jacquemin, nommé maire par décret impérial du 16 juillet 1863 ;

1870 Malézieux député, *nommé Président de la commission municipale par arrêté préfectoral du 21 septembre 1870, accomplit résolûment cette mission périlleuse, avec l'aide d'Edouard Dufour, enfin nommé chevalier de la Légion d'honneur* ! (Octobre 1881).

1871 Mariolle-Pinguet, *nommé maire par décret du chef du pouvoir exécutif de la République Française, en date du 20 mai 1872.*

4 *Décembre.* 1871 *chevalier de la Légion d'honneur le* 19 *janvier* 1871. Continué dans ses fonctions de maire. (18 septembre 1881), par Décret du Président de la République.

CHAPITRE X

ILLUSTRATIONS DE LA PICARDIE

Sur les registres du chapitre de Saint-Quentin, on lit les noms célèbres, pensionnés par lui : 1323, Pierre de Châteauvilain — 1338. Guillaume Legros. — Pierre de Soissons, en 1340, peint sur un des vitraux de l'Eglise. — Jean Prevot 1346. — Pierre de Saint Amand 1350. — Pierre de Puisieux 1356. — Pierre de Soissons 1367. — Pierre Le Cat, Jean Legros, Jean Monnin 1400. — Jean de Saint Quentin, official de Cambrai, mort à Prémontré 1352. — Gille de Roye, né à Saint-Quentin, le 31 octobre 1415. — Jean de Guiencourt, docteur de Sorbonne, confesseur d'Henri II 1547. — Jean Hennuyer, évêque de Lisieux 1559. — Charles de Bovelles, seigneur de Viéville et de Sancourt, mort à Noyon, et inhumé au Mont Regnault 1555. — Omer Talon, professeur d'éloquence en l'Université de Paris [1], en 1534. —

---

[1] Université de Paris. — (Charpentier, éditeur.)

Nicolas d'Y, chancelier de l'Eglise d'Amiens, mort le 28 mai 1568. — Pierre Ramus, né à Cuthe en Vermandois, massacré dans sa chaire, à la Saint Barthelémy, 25 août 1572. — Claude de la Fons, fils de Nicolas, Mayeur, fut avocat, comme Claude Emmerez et Jacques Levasseur, recteur de l'Université de Paris, doyen de Noyon 1616, décédé le 6 février 1638. — Jacques Lescot, docteur en Sorbonne, décédé évêque de Chartres, 22 août 1656. — Charles de Lacroix, chanoine, mort en 1669. — Luc Dachery né en 1609, Bénédictin de Saint Maur, mort le 29 avril 1685. — Charles Gobinet, principal du collège, mort le 9 décembre 1690. — Martin Grandin, professeur en Sorbonne, mort en 1691. — Claude Bendier, professeur en Sorbonne, auteur de la vie de Saint Quentin 1671. — Henri du Trousset de Valencourt, secrétaire général de la Marine, blessé à Malaga 1704, mort le 4 Janvier 1730. — Nicolas Desjardins, principal du collège, décédé en 1738. — Louis Paul Colliette, historien du Vermandois, et les médecins Lelièvre +,1604. — Emmanuel Meurisse 1694. — Lecat de Blérancourt 1768. — Puis les médecins de nos rois : Loisel, sous Louis XII, — Desjardins, sous François Ier, — Fernel, sous Henri II, — La Framboisière, sous Henri IV, — Riolan, sous Louis XIII, Dusauchoy, sous Louis XIV.

Bléville et Allard, verrier et sculpteur, brillent en 1536. — Michel Dorigny, peintre et graveur, épouse la fille de Vouet, mort en 1663. — Jean Papillon, graveur né à Saint-Quentin en 1661, meurt en 1744. — Son fils et continuateur a laissé une histoire de la gravure sur bois 1766.

Enfin, Quentin Maurice de la Tour, peintre de Louis XV, maître du pastel, né à Saint-Quentin en 1704, (22 septembre) y revint mourir (1788,) laissant à sa cité

ses tableaux et ses bonnes œuvres, qui vivent encore[1].
Enfin, au barreau tant d'avocats, dont le souvenir est
présent dans l'esprit et le cœur de chacun de nous, et
qui furent nos maîtres, presque nos contemporains :
Gavet, Violette Bauchart ; Namuroy, Duquénois, Le-
fèvre, Béranger, Delcroix ; dans les lettres : Félix
Davin. Henri Martin ; dans les arts : Butin, Chevreux,
Ancelet, Doublemard : dans les sciences mathématiques
et physiques, *gemina sidera*: le regrettable et regretté De-
sains, (*Edouard*) son frère Desains) (*Paul*), de l'*Institut*,
Professeur en Sorbonne ; Emile Malézieux, inspecteur-
général des ponts et chaussées, digne continuateur du
Directeur Général Cavenne, né à Origny S[ie] Benoîte
(*Aisne*).

Paris, 13 mars 1882.

[1] *De la Tour*, (*Leroux-éditeur*, 28, (rue *Bonaparte*.) Musée de la
Tour (Hendrick, éditeur, à Saint-Quentin).

CHAPITRE XI

Bibliographie

OUVRAGES A CONSULTER IMPRIMÉS ET MANUSCRITS

L'intéressante *Revue du Vermandois* a indiqué les nombreuses richesses, recueillies par des amateurs S. Quentinois ; en dehors de ces précieuses collections, nous avons largement puisé, dans la riche et hospitalière bibliothèque de notre parent, M. Charles Testart, à Paris. Ne pouvant tout signaler, nous recommandons l'étude des Archives Nationales, si bien classées et cataloguées par ordre alphabétique, la section des manuscrits à la Bibliothèque de la Rue Richelieu, et les publications sur le département de l'Aisne, par MM. Matton, Fleury, Charles Périn, Piette. Combier, Charles Picard, Gomart.

Curiosités historiques de la Picardie, d'après les manuscrits.

— Documents, manuscrits *relatifs à l'histoire de la Picardie,*
   par Hipp. Cocheris (2 vol. — Durand, éditeur, 1854-1858).
— Catalogue des villes, bourgs de la Picardie, 1761.
— Cartulaire de l'abbaye de S. Quentin en l'Isle (*Bibl. Nat. de Paris, Manuscrits*).

— Histoire des droits, prérogatives et franchises de St-Quentin par Hordret, sieur de Fléchin. (*Paris*, 1781).

— M. le Président Combier, *Le Bailliage du Vermandois* — (*Leroux, éditeur,* 1876).

— Idem Archives du greffe de Laon. — *P. Dupont, libraire*.

— Le Mystère de S. Quentin, par Edouard Fleury, (*Paris, Victor Didron, Editeur*).

— Gomart. — Histoire de St-Quentin, ancien et moderne.

— Armoriaux des Evêques de Picardie, par Arthur Demarsy. *Demoulin, éditeur*.

Les Manuscrits de Dom Grenier sur la Picardie, examinés notamment pour le département de l'Aisne, *conservés à la Bibliothèque Nationale de Paris, départements des Maugerets*, contiennent :

2e *Paquet*	Histoire et martyre de S. Quentin.
1re *Liasse*	Procès d'Enguerrand de Coucy, pour avoir fait pendre deux enfants, de. S. Nicolas au Bois.
	Wissant, — ancien port de mer, entre Calais et Boulogne, Itius portus porteur (V. Ducange — Ms. 10295 Bib. Imp).
12e *Paquet*	Pouillé du diocèse de Laon, en 1768.
5e *Liasse*	Un traité ms. en latin : *De advocatis defensoribus et vice dominis. par Dom Bastide.*
13e *Paquet*	Chartes copiées sur les originaux relatives à la Picardie.
5e *Liasse*	Chartes concernant le cimetière de l'abbaye de S. Jean, le premier construit dans l'enceinte de la ville de Laon (1145).
	Pièces diverses relatives à la ville de Laon.
14e *Paquet*	Biographie des abbés de St-Quentin.
6e *Liasse*	Vie des abbés de S. Vincent de Laon.

Histoire des abbés de S. Médard de Soissons.

15° *Paquet* **5° et 6° *Liasse***	Biographie des hommes illustres de Picardie, par D. Grenier.
16° *Paquet* **1re *Liasse***	Table alphabétique des lieux de Picardie. 107 — Cartes.
2° *Liasse*	Notes sur les comtes de Ribemont.
4° *Liasse*	Mémoires concernant la ville de Chauny.
5° *Liasse*	1er Bulletin ou 50 pièces.
	2° » 41 »
	7° Bulletin Soissons 50 pièces.
	8° » » 33 pièces.
	9° » S. Quentin 24 pièces.
20° *Paquet*	Taxe levée par le Roi des Ribauds à Noyon sur une *ancilla.*
1re *Liasse*	Ord. par laquelle le duc d'Orléans accorde un quartier aux maires et échevins de la ville de Chauny[1], pour y loger les fillettes communes et les folles femmes. (Archives de l'hôtel de ville de Chauny).
	Cérémonie du jugement de Dieu à Soissons, en 1205. (Tiré d'un rituel de cette ville).
	Epitre chantée pour l'Epiphanie à Laon. (Tirée du ms. 444 du chapitre de cette cathédrale).
4° *Liasse*	Pièces justificatives concernant Soissons.
7° *Cote*	Martyre des SS. Crépin et Crépinien Soissons, d'après un ms. de 1045 à St-Germain des Prés.
8° *Cote*	Pièces justificatives concernant St-Quentin, l'hôtel de ville, la collégiale.
	Martyre de St-Quentin. — Provincial et marche des nobles du Vermandois.

[1] *Chaulnid la bien nommée, disait le proverbe, encore vrai aujourd'hui.*

6º *Liasse*	Histoire du pays de Vermandois, de ses comtes et de ses Evêques.
	Histoire de Soissons.

21º *Paquet*

3º *Liasse*	Matériaux pour l'histoire de Guise.
8º *Liasse*	Recherches sur Villers-Cotterets, Palais de nos Rois.

23º *Paquet*

1. 2. 3º *Liasse*	Essais historiques sur la ville de Laon par D. Bugniâtre, en trois volumes.
4º *Liasse*	Pièces justificatives du Laonnois. (Extraits de l'hist. de l'abbaye S. Vincent.

3º Recueil de Chartes, pièces et titres concernant l'histoire de Laon. (Tiré du spicilège de D'Achery).

4º Histoire du Palais de nos Rois, dans le Laonnois. (Extrait de la diplomatique de Mabillon.

5º Un extrait des *Analecta* de Dom Mabillon, relatif à l'histoire de Laon.

6· Etat des assignations données tant aux véritables gentilshommes qu'aux usurpateurs de la qualité de chevalier, dans l'élection de Laon.

7º Procès-verbal des coutumes générales et particulières du bailliage de Vermandois. Rédigées par M. de Thou, d'après les ordres de Henri II.

5º *Liasse*	Siège de la ville de Laon. Extrait d'un Ms. attribué à Claude Bugniâtre, 1er échevin de la ville de Laon.

Extrait d'un manuscrit contenant ce qu s'est passé à Laon et dans le pays Laonnois dans le temps de la Ligue. (1589-1594) que Henri le Grand soumit Laon à son obéissance. (Le ms. original est d'Antoine Richard, contrôleur en l'élection de Laon.

Recherches sur les abbayes du pays Laonnois.

Extrait de la description de la France par de Longuerue, concernant la ville de Laon.

Extrait de l'histoire de Malte, concernant les armoiries de quelques seigneurs croisés du Laonnois.

6° *Liasse* — Notes sur les villes, bourgs et villages du Laonnois par ordre alphabétique.

Procès-verbaux faits pour constater et prouver la misère du pays Laonnois, causée par les guerres de 1655.

Mémoires sur le comté de Rosoy.

Dissertations sur l'état des anciens habitants du Soissonnais, avant la conquête des Gaules par les Francs, par M. Lebœuf, couronné en 1734, par l'académie de Soissons.

Remarques sur la ville et le diocèse de Laon.

Extrait des actes capitulaires de la ville de Laon. — (1397).

Miscellanea concernant la ville de Laon. — Très curieux.

24° *Paquet* — Notices sur les baillis Royaux du Verman-
5° *Liasse* — dois.

26° *Paquet* — Chartes concernant la Picardie. — (1300 à
1re *Liasse* — 1397.)
— Lettre du Roi Jean, prisonnier en Angleterre, au Clergé de Soissons. 4 juin 1358.

Arrêt du Conseil portant que le Roi peut remettre et rétablir commune, en la ville de Laon, quand il lui plaira (1328).

Comptes du bailliage de Vermandois (1357.)

2ᵉ *Liasse*   Collection de Chartes sur la Picardie, 5 cotes, 161 Chartes.

Couronnement de Philippe I à Laon. — 1171.

27° *Paquet*   Etymologie du mot Picard, par D. Grenier.

1ʳᵉ *Liasse*

Notes sur les ravages des Normands en Picardie.

Plan général de l'histoire de Picardie.

Observations critiques sur l'expédition de César contre les Soissonnais — Comm. liv. II.

Notes biographiques sur les évêques et comtes de Soissons.

Dissertation sur l'état des anciens habitants de Soissons

Extrait des titres du chapitre de S. Vincent de Laon.

Plan général de l'histoire de Picardie, par D. Caffiaux. (Ms. *curieux*.)

Fragments géographiques et historiques sur la province de Picardie.

Lettre du cardinal d'Estouteville à Charles VII en lui envoyant l'inquisiteur de la foi et le doyen de Noyon, pour lui rendre compte de ce qui s'était passé au sujet du procès de la Pucelle (1432).

Recueil de lettres autographes de Louis XI.

Lettre de Charles V, dauphin de Vienne, pour lever en Picardie, les subsides nécessaires à la délivrance du Roi.

Indiction du Concile provincial de Reims, tenu à S. Quentin (1320).

La valeur des bailliages de France, selon les comptes de 1359.

Testament du S. de la Vacquerie (1371).

28ᵉ *Paquet*	Histoire du Soissonnais et de S. Médard de
1ʳᵉ *Liasse*	Soissons.
2ᵉ *Liasse*	Collection de Chartes.

Reconnaissance des bourgeois de St-Quentin que le Roi peut rappeler les bannis, lorsqu'il fait sa première entrée dans cette ville, après son couronnement (1213).

— L'Hotel des Monnaies de St-Quentin figure aux Archives Nationales de Paris. — (1437-1438).

— On trouve aussi aux mêmes Archives, les pièces suivantes, relatives au Département de l'Aisne :

— Evêché et chapitre de Laon. (1131-1685) L. 731. 734. LL. 979.

— Evêché et chapitre de Soissons (1113. 1670) L. 742-743.

— Chapitre de S. Gervais à Soissons. (1238. 1343) L. 743. s. 3214.

— Chapitre de S. Pierre à Soissons (1217. 1424) L. 743.

— Chapelle de S. Laurent de Rozoy-sur-Serre (1186. 1265). L. 997.

— Eglise Collégiale de St-Quentin. (1130. 1625). L. 738-739.

— Abbaye de Bohéries. (1129. 1373). L. 992.

   »   de Bucilly. L. 993.

   »   de Clairfontaine (1211. 1364). L. 1009.

   »   de Cuissy. 1140. (L. 993).

   »   d'Essommes (1266. 1523) L. 1003.

   «   de Fervaques ou Fonsomme. (1152-1531) L. 1001.

   «   de Foigny (1156-1397) L. 994.

   »   d'Homblières (1220-1476) L. 1004.

   »   de Longpont. (1132-1327). L. 1006.

Cartulaires de S. Quentin en l'Ile (xiv-xviᵉ siècles,) L. 1016, 1018.)

   »   de S. Vincent à Laon (1095, 1343,) L. 997.

   »   de S. Yved à Braisne (1158, 1708,) L. 1003.

   »   du xiiiᵉ siècle... (LL. 1583.)

   »   de Thenailles (1218-1292,) L. 997.

Cartulaires du Val S. Pierre (L. 997.)

» du Val Secret (1181, 1263) L. 1008.

Abbaye de Valsery (1157-1491-1008.)

» de Vauclère (1143, 1376,)L. 996.

Prieuré de Beaulieu (L. 1009 (*bis*),

• de Castres (*abbaye de S. Germain des Prés*).

» d'Erloy. (1208, 1289, L. 1009 (*bis*).

» d'Oulchy le Château (1245, 1280, L. 1009 (*bis*).

» de S. Gobert (*abbaye de S. Denis.*)

» de S. Paul aux Bois (*oratoire.*)

Capucins de Laon (S. 3705.)

» de Soissons (S. 3705.)

Chartreux de Bourg Fontaine (L. 940,) LL.1487.

Minimes de Château-Thiéry,(S. 4298.)

» de Guise L. 952 (S. 4299.)

» de Laon (S. 429 .)

• de Soissons (S. 4299.)

Hôpital de Laon (1209, 1370,)L. 734.

» de Soissons (1305, 1315,)L. 743.

• de Marle (M. 55.)

Abbaye de Montreuil (1140-1519) L. 994.

» de Nogent l'Artaud (1220) L. 1007.

• de Notre-Dame de Nogent sous Coucy (1100, 1413) L. 994.

• d'Origny (1217, 1230) L. 994.

• de Prémontré (1029, 1361) L. 995.

» du Sauvoir (1243, 1327,)L. 997.

» de Notre-Dame de Soissons (1190, 1358) L. 1007.

» de S. Crépin en Chaye (1190, 1358,)L. 1003.

» de S. Crépin le Grand à Soissons (1146-1379) L. 1003, S. 3214.

• de S. Jean de Laon (1172, 1360,)L. 997.

» de S. Jean des Vignes à Soissons (1186, 1312)

• de S. Léger de Soissons (L. 1009.)

» de S. Martin à Laon (1285,)L. 997.

» de S. Médard à Soissons (1188, 1620,)L. 10070.

Cartulaire du xviie siècle (LL. 1021.)

·Ceusier du XIVᵉ siècle (LL. 1022.)

    » de S. Nicolas de Ribemont (1180, 1272.)L. 997.

Cartulaire du XIIIᵉ siècle (LL. 1015.)

    » de S. Nicolas aux Bois (1146, 1289,)L. 997.

    » de S. Prix (1295-1296,) L. 1001.

    » de S. Quentin en l'Ile (1182, 1506;)L. 1002.

Maladrerie de Prémont (S. 4932.)

    » de Ribemont (S. 4846.)

    » de Rouvroy (S. 4861.)

    » de Sissonne (S. 4846 (bis).

    » de Cohan (S. 4902 M. 48.)

    » de Condé en Brie (S. 4902.)

    » de Fontenoy et Osly (S. 4903.)

    » de Gandelu (S. 4854.)

    » de Lafère (S. 4846.)

    » de Laferté Chevresis (M. 50, S. 4846 (bis,)

    » de Monampteuil (S. 4846.)

    » de Montaigu (S. 4846.)

    » d'Oulchy le Château (S. 4895, 4901.)

    » de Pargny (Canton de Condé) (S. 4903, M. 50.)

    » de Plomion (S. 4846 (bis.)

    » de Pont à Bucy (S. 4846 (bis.)

    » de Pontarchel, Cⁿᵉ d'Amhleny (S.4903, M.49, 50.)

    » de Presles et Boves (S. 4903, M. 49, 50.)

    » de Roucy (S. 4904, M. 49,50.)

    » de Soupir (S, 4846 (bis.)

    » de S. Quentin (S. 4932.)

    » de Vassens (S. 4904, M.50.)

    » de Vic sur Aisne (S. 4904.)

    » de Voidon, commune de Mercin (S. 4904.)

Duché de Valois. (Domaines.)

— Chauny (O. 20711, 20958) Coucy. (O. 20225) Crépy, Gandelu Lafère.

— La Ferté Milon. Villers-Cotterets. Marle S. Gobain,

— Neuilly S. Front et Oulchy. Morienval Marle,

— Commanderies du Grand Prieuré de France.

(Ordres de S. Jean de Jérusalem, du Temple et de S. Antoine de Viennois.)

— Commanderie de Boncourt. (Ordre de S. Jean de Jérusalem.)(S. 4946, 4947, 5259, 5279.)
— Commanderie de Laon, Puisieux et Catillon. (Ordre du Temple.) S. 4948, 4951, 5134, 5259.
— Commanderie de Maupas et Mont de Soissons. (Ordre de S. Jean de Jérusalem et du Temple) (S. 4952,4954,5259 MM. 877, 878.)
—Commanderie de Mosy et Magny. *(Ordre du Temple)* S. 5006, 5009. MM. 878.

Ordre de S. Lazare.

Commanderie de Basoches S. 4896 (*bis*), 4901.
    »   de S. Firmin à Lafère S. 4860.
    »   de Moulin Garand, à S. Quentin S. 4861, 4861 (*bis.*)
    »   de Soissons S. 4904, 4907.
Hôpital d'Alaincourt S. 4846.
    »   de Beaurevoir S. 4860.
    »   de Charly S. 4902.
    »   de Guise S. 4926.
    »   de Montcornet S. 4846 (*bis.*)
    »   de Mont Notre-Dame S. 4903.
— Cartes et Plans (Aisne.)
— Ailette — Beaulne — Champs, Dugny — Engliancourt — Fère en Tardenon — Gandelu — Hamégicourt — La Bouteille — Marézy Ste Geneviève. Nanteuil. Vichel. Ohis — Parfondru. Retheuil. Saconin — Thimet — Vassens. Vervins.Wièg e.
— Législation Locale et Provinciale.

(AD 1ᴰ xvi)

Picardie.

— Péages. — Octrois. — Ressort du Baillage d'Amiens.
— État des villages. — Formules. Procès.

Voir aussi : la Collection de Sceaux. — (Archives de l'Empire. — *Plon, éditeur, rue Garancière, 1861*)

Bordier (Archives de France.)

Inventaire des Cartulaires conservés dans les bibliothèques de Paris et aux Archives Nationales par Ulysse Robert. (Menu éditeur, 7. Quai Malaquais.)

(1600) *Statuts et règlements, établis par les mayeurs et échevins de Saint-Quentin, juges civiles, criminels de Police en ladite ville, faubourg et banlieu d'icelle, pour le mestier de bonnetier, à la diligence des bonnetiers de ladite ville.* (Voir : Métiers de Paris. Leroux, éditeur.

— *Arrêt du Parlement relatif à l'établissement de la religion réformée, dans les villages de Grugies et Douilly. Revue des hommes de guerre en garnison à Saint-Quentin, sous les ordres de M. D'Armentières, vicomte d'Auchy, gouverneur de ladite ville.*

— *Livre Rouge de l'Hôtel de Ville de Saint-Quentin, publié par M. H. Bouchot et Emm. Lemaire (in-8º 1882).*

— *Inventaire des archives de l'Hôtel de Ville de Saint-Quentin, par M. Janin, élève de l'École des Chartes.*

— *Essai sur l'histoire de la ville de Saint-Quentin, par M. Emm. Lemaire, juge au tribunal civil de Saint-Quentin, 1882.*

TABLE DES MATIÈRES

FIN DE LA TABLE

Imprimerie de DESTENAY, Saint-Amand (Cher).

www.ingramcontent.com/pod-product-compliance
Lightning Source LLC
Chambersburg PA
CBHW052048090426
42739CB00010B/2088